La cultura organizacional

Un enfoque dimensional

Mariano Ortega

fomeq
fomento educativo de querétaro

ISBN-13: 978-1523937028

ISBN-10: 1523937025

A la memoria de

Carlos H. García Rivera,

Manuel Mancebo del Castillo Trejo

y

Ezequiel Nieto Cardoso

Prólogo

La manera en la que una organización ve y comprende su realidad y su entorno y actúa y reacciona ante éstos es determinante no sólo para su administración y dirección, sino para su efectividad y su sobrevivencia en cuanto organización.

Sin embargo, el estudio de la cultura organizacional (es decir, esa manera en que la organización ve, comprende y actúa) es relativamente reciente y si quienes las operan y dirigen atienden sus culturas es más por intuición que con conocimiento en una especie de ruleta rusa determinada más por la suerte o la casualidad que por la reflexión informada y la experiencia.

Toda acción organizacional, toda administración y dirección, todo cambio, toda innovación se da precisamente en el contexto de esa cultura que podrá potenciarlos o invalidarlos, incorporarlos y transformarse o desecharlos y permanecer tal cual.

Este libro busca ayudar a fortalecer las bases para la comprensión de la cultura organizacional, para su administración y, en su caso, para su transformación consciente e informada.

Para ello, apoyándose en el enfoque de *Dimensiones organizacionales,* el libro revisa los conceptos de cultura en general, de cultura organizacional y de subcultura; ofrece un panorama de los contenidos potenciales de las culturas, así como algunas tipologías y descriptores utilizados para estudiarlas; analiza variables y elementos para su formación y desarrollo; y examina opciones para su administración y transformación.

CONTENIDO

Introducción

En la Empresa X es difícil identificar a simple vista a los jefes, no sólo porque todo mundo viste más o menos igual (informal) y las oficinas son más o menos semejantes, sino porque cuando se discute algo (y siempre parece haber algo que discutir) no se nota la deferencia tradicionalmente acordada a los jefes o a los mayores; se discute fríamente, tope donde tope, y sin embargo nadie parece darse por ofendido. Las palabras más frecuentes parecen ser siempre "resultados, resultados".

En la Organización Y, a la gente se le llena la boca cuando habla de Don Alberto, el fundador y actual Director General; repiten sus frases y lo utilizan de ejemplo al educar a sus hijos en sus casas. Don Alberto los conoce a todos. Cuando se los encuentra, en la empresa o en la calle, les pregunta –por nombre– por cada miembro de la familia y se acuerda de todos los detalles que le han contado. Al hacer cada uno su trabajo consciente o inconscientemente se preguntan si lo que están haciendo lo aprobaría Don Alberto. Si se responden que sí, se sienten muy satisfechos; si se responden que no, buscan mejorar lo que hacen.

En el Colegio Z no se nota mucha diferencia en la conducta o en el orden de los niños antes o después de romper filas en los honores a la bandera. En el aula, se la pasan platicando unos con otros, incluso cuando el profesor está presente y, aunque generalmente nunca les dice nada, tampoco le hacen mucho caso cuando llega a decirles algo o llamarles la atención. En la clase, todos participan ampliamente; se nota a los alumnos a gusto en un ambiente relajado y alegre.

En la Universidad W, lo primero que el maestro –siempre de corbata y saco– hace es pasar lista. Aquellos alumnos –siempre de mezclilla cara, algunos en shorts– que al final del semestre tienen menos del 85% de asistencias reprueban automáticamente el curso independientemente de su promedio o de los conocimientos que hubieren adquirido. La lista sólo se pasa una vez inmediatamente después de tocar el timbre de entrada. A la ceremonia de graduación sólo pueden asistir quienes van a recibir su título profesional o su grado académico y no los que dejaron uno o dos requisitos o asignaturas pendientes.

En la Institución T, todo hay que estarlo negociando continuamente y la información se maneja con mucho cuidado, al grado de que se bromea con el saludo: Cuando alguien dice "¿Cómo estás?" el interpelado responde "¿para qué quieres saberlo? ¿Para grillarme y utilizar esa información en mi contra?". No todos los jefes merecen el mismo respeto de la gente, aunque tengan la misma posición jerárquica. Los que personalmente están más cerca del Director General se perciben como los más importantes.

Estas cinco organizaciones, las dos primeras en el área productiva de bienes y servicios; las dos segundas en el área educativa; la última en cualquier área, son tan evidentemente diferentes como pudieran serlo cinco personas que uno seleccionara al azar.

Y esas diferencias radican fundamentalmente en la manera particular de actuar o de comportarse de cada una de esas organizaciones; en la forma de ver y de entender lo que se debe y no se debe hacer; en la "personalidad" o "forma de ser" que las caracteriza; en suma, en la cultura organizacional propia de cada una.

"Caras vemos, corazones no sabemos", dice el refrán; y como las personas cuyas caras vemos pero cuyos corazones no sabemos, la cultura de una organización tiene una profundidad y una importancia mucho mayores que lo que pudiera apreciarse a simple vista.

Los detalles que saltan a la vista –comportamientos, instalaciones, mobiliarios, lenguaje, etc.– suelen ser como los rasgos de la cara, los gestos a flor de piel, los movimientos propios característicos. Escondido, subyacente queda el corazón con todas sus motivaciones y emociones, no por escondido menos importante o menos real. Escondida, subyacente suele quedar también la mayor parte de la cultura de una organización y tampoco por ello, menos importante o menos real.

La cultura de una organización, como la persona cuya cara vemos y cuyo corazón no sabemos, está constituida tanto por la porción visible como por la sumergida o subyacente.

Bajo la deferencia ante Don Alberto en la Organización Y, subyacentes, sumergidos, existen una serie de elementos –premisas, supuestos, valores, etc.– que hacen que el único comportamiento considerado inconsciente pero incuestionablemente como aceptable sea, precisamente, el comportamiento descrito. Lo mismo puede decirse de las formas de comportarse en las organizaciones de los cuatro ejemplos restantes.

La cultura organizacional es el sustrato fundamental sobre el que ocurre todo el acontecer de las organizaciones: Toda acción de administración y dirección; todo esfuerzo de cambio o transformación; toda crisis y todo éxito se dan, precisamente, no sólo bajo su influencia sino profundamente marcados por ella.

Sin embargo, generalmente todas esas acciones, esfuerzos y situaciones se dan desatendiendo, ignorando o desconociendo esa cultura que –independientemente de esa ignorancia o ese desconocimiento– será determinante para los logros eventuales que se obtengan.

Este libro se ocupa, precisamente, de estudiar el concepto de cultura organizacional; de analizar sus elementos constitutivos; y de explorar sus implicaciones y sus posibilidades para su administración y desarrollo.

El capítulo 1 explora diversas definiciones del término cultura en su acepción más general. El capítulo 2 revisa sus alcances y ramificaciones cuando se aplica a una organización; y distingue los niveles y los componentes de una cultura y sus grados de congruencia y consistencia así como las variables para la caracterización de una cultura.

El capítulo 3 se ocupa de las variantes internas de una cultura: Sus subculturas. Examina cómo y por qué se generan; y considera el papel que juegan en la cultura como un todo.

El capítulo 4 se enfoca en los contenidos fundamentales de toda cultura y comenta brevemente las preguntas básicas en relación con el ser humano, su realidad y su entorno o medio ambiente, cuyas respuestas suscitan esos contenidos y establecen las bases para esa cultura.

El capítulo 5 analiza la noción de tipología cultural y presenta cuatro tipologías contrastantes; las variables organizacionales a partir de las cuales se establecen; y las clasificaciones a las que acaban por dar lugar.

El capítulo 6 atiende los descriptores culturales; ofrece dos modelos de descriptores; y revisa someramente el papel que juegan para explorar, describir y entender una cultura.

El capítulo 7 plantea los procesos de formación y desarrollo de una cultura organizacional; los sustratos en los que se genera; y los elementos externos e internos así como los incidentes que a ello contribuyen.

Finalmente, el capítulo 8 bosqueja algunos aspectos claves para la administración y la transformación de la cultura organizacional.

Este trabajo se apoya fundamentalmente en la concepción pentadimensional presentada en *Dimensiones del comportamiento y la cultura organizacionales* (Ortega 1982a, 1982b) y utiliza ese marco de referencia para desarrollar todas las herramientas utilizadas y todas las estructuras conceptuales aquí propuestas.

1
Cultura

Cultura es la *manera particular y diferenciada de un conjunto de personas para ver, comprender y actuar, tanto en relación al mundo en el que individual y colectivamente están inmersas, como en relación a sí mismas, en tanto individuos y en tanto colectividad*[1].

---

[1] Del latín cultivar, la palabra cultura tiene dos acepciones más frecuentemente utilizadas en la vida cotidiana que la que aquí se le da. En el lenguaje cotidiano se utiliza la palabra cultura para referirse a las artes y a las letras, diciendo que una persona tiene mucha cultura o es muy culta cuando tiene un gran dominio o disfruta plenamente de ellas. Asimismo, la palabra cultura se utiliza para referirse al conjunto de conocimientos y, especialmente, de maneras de conducirse o de ponerlos en práctica en torno a un aspecto del saber o de la vida cotidiana, por ejemplo, cultura automovilística, para referirse a todo lo que tiene que ver con el automóvil y su uso, incluyendo el trato debido a los peatones.

En el primer caso, se toma la parte por el todo: Las artes y las letras son parte de una cultura pero no constituyen la totalidad de la cultura. En el segundo caso se trata de un tipo específico de subcultura con un sesgo valorativo: tener los

Esta *manera particular y diferenciada* implica una serie de valores, premisas y supuestos compartidos que sustentan acciones y comportamientos o fundamentan posturas, filosofías y manifiestos; un grado de congruencia entre los que sustentan aquéllos y los que fundamentan éstos; y un grado de consistencia interna en unos y en otros.

El grupo humano A, por ejemplo, comprende el terremoto como una muestra de la ira de los dioses causada por el mal comportamiento de los humanos. En este contexto, entiende que, si quiere evitar los terremotos, el grupo debe expiar sus culpas y la única forma en la que entiende la expiación es a través del sacrificio humano. Es por ello que apenas principia a temblar, sacrifican a miembros elegidos de su grupo hasta que no cesan el terremoto y sus secuelas.

Porque (1) comprenden el terremoto como una muestra de la ira de los dioses por el mal comportamiento del grupo; (2) interpretan a los dioses como requiriendo la expiación de esas culpas a través del sacrificio de miembros de su grupo; (3) realizan esos sacrificios hasta que ven apaciguada la ira de sus dioses.

---

valores y prácticas "válidas" o deseadas. Se refiere a la cultura del automovilismo en la que el peatón recibe el trato deferencial que se merece, característico de algunos países. Desde esta perspectiva, los cafres no tendrían 'cultura' automovilística.

En ambos casos, en suma, tácitamente se sugiere que lo contrario de la cultura así concebida es la 'falta de cultura'. Desde la perspectiva más amplia de este trabajo, todos tendríamos una cultura; se trataría simplemente de culturas diferentes. En el primer caso, se trataría de dos subculturas diferentes, una que valora las artes y las letras; otra que no. En el segundo caso, se trataría asimismo de dos subculturas diferentes, una que valora al peatón; otra que no.

El grupo no podría concebir, sin embargo, que pudiera haber otras opciones para comprender los terremotos, ni otras maneras de comportarse ante ellos.

Una cultura se caracteriza, así, por su manera particular de (1) concebir lo visible y lo invisible; los objetos y las personas en su contexto; las relaciones entre ellos; lo que puede o no hacerse; el significado de lo que se hace, etc. y (2) actuar en consecuencia.

Cuando a Felipe II de España (1527-1598) se le plantea la necesidad de construir una represa, el rey consulta con sus asesores *religiosos*, puesto que construir una represa implica una modificación de la obra de Dios sobre la tierra.

Cuando a un funcionario occidental de la primera mitad del siglo XX se le plantea la misma necesidad, consulta con sus asesores *técnicos* puesto que la construcción de una represa implica grandes retos de ingeniería civil,

Cuando a un funcionario occidental de la última cuarta parte del siglo XX se le plantea la misma necesidad, consulta con sus asesores *ecológicos*, puesto que implica una modificación en el equilibrio natural de su medio ambiente; y consulta con sus asesores *políticos*, puesto que implica afectar intereses y posturas personales y grupales y todo tiene un costo político.

Nuevamente se ve, en cada uno de estos ejemplos, que las premisas, supuestos y valores compartidos por los tomadores de decisiones y sus comunidades –sus mapas mentales internos, inconscientes, incuestionados e incuestionables– determinan, en cada caso y con toda precisión, las áreas a atender y las acciones a tomar.

Así, la cultura constituye el mapa en el que un grupo humano codifica su diseño de vida; "es la herencia social que el individuo recibe de su gente" (Kluckhohn, 1944:24-25).

Para Hofstede (1984:21) una cultura es "la programación colectiva de la mente que distingue a los miembros de un grupo humano de otros grupos humanos".

Esta programación colectiva es "un agregado interactivo de características comunes que afectan las respuestas de un grupo humano a su medio ambiente. La cultura determina la identidad de un grupo humano, de la misma manera que la personalidad determina la identidad de un individuo" (Hofstede, 1984:21).

Como se ha dicho, para este trabajo, cultura es "la manera particular y diferenciada de un conjunto de personas para ver, comprender y actuar, tanto en relación al mundo en el que individual y colectivamente están inmersas, como en relación a sí mismas, en tanto individuos y en tanto colectividad"

En tanto *manera particular y diferenciada* la cultura distingue e identifica al *conjunto de personas* que la comparte, de otros conjuntos de personas o grupos humanos. Es decir, la misma cultura indica quiénes son y quiénes no son miembros –al establecer tácitamente los estándares mínimos comunes que deben compartirse y las maneras y causas de inclusión y de exclusión.

En tanto *manera de ver*, la cultura dirige la atención de quienes la comparten hacia ciertos aspectos de la realidad circundante, de los demás seres humanos y de sí mismos, al tiempo que no sólo desatiende otros aspectos, sino que puede hacer realmente imposible la visualización física o psicológica de otros, creando verdaderos puntos ciegos para sus miembros.

En tanto *manera de comprender* lo visto o atendido, la cultura ha generado en quienes la comparten una serie de marcos o casilleros conceptuales con los cuales clasificar los aspectos de la realidad que han sido atendidos; interpretarlos; e integrarlos con las experiencias procesadas previamente, en un todo coherente y significativo.

En tanto *manera de actuar*, la cultura ofrece a quienes la comparten un elenco o catálogo de acciones y respuestas conductuales correspondientes a todos los estímulos y a todas las instancias de la realidad que han sido "vistas" y "comprendidas". Este elenco o catálogo sirve no sólo como una guía de comportamiento en quienes comparten esa cultura, sino como una guía de visión (atención) e interpretación de acciones y comportamientos ajenos.

En esa guía –implícita, inconsciente e interna– se define el rango potencial de acciones y comportamientos *tanto en relación al mundo en el que individual y colectivamente están inmersas* las personas que comparten esa cultura, *como en relación a sí mismas, en tanto individuos y en tanto colectividad.*

En ese sentido, la cultura bosqueja las directrices que gobiernan las interacciones entre un individuo y su mundo físico; y un individuo y los demás individuos que lo rodean –y, en su caso, identifica las variables aceptables para establecer relaciones diferenciales con ellos– así como los marcos conceptuales con los que se conciben y se perciben a sí mismos esos individuos y esos grupos.

Sin embargo, todos los elementos de una cultura están tan internalizados entre sus miembros, son tan parte de ellos, que los miembros de una cultura no tienen la menor consciencia por sí mismos en su devenir cotidiano de la existencia de esa cultura ni mucho menos de los elementos (valores, supuestos, premisas, comportamientos, etc.) que la componen.

Ésa es, para ellos, automática, inconsciente, incuestionada, e incuestionablemente la 'manera correcta' –la única forma concebible– de ver y comprender las cosas; de comportarse; de relacionarse con los demás; y de enfrentarse a todos los retos que se les presenten.

Dependiendo del conjunto de personas o del grupo humano que la comparte, puede hablarse de cultura familiar, grupal, organizacional, regional, nacional, etnohistórica (hispanos, latinos, anglosajones, escandinavos, etc.), occidental, mundial, etc.

El concepto de 'cultura' puede manejarse también de manera semejante a la de 'sistema', en el sentido de que toda cultura [sistema] podrá verse como constituida por una serie de subculturas [subsistemas] o como una subcultura inserta en una cultura más amplia [suprasistema].

Aunque algunos autores reservan el término 'cultura' para las sociedades o las naciones y utilizan el término 'subcultura' para todas las demás (véase, por ejemplo, Hofstede, 1984:21), la gran mayoría, siguiendo la práctica instituida en 'sistemas', utiliza el término 'cultura' enfocándolo al nivel que en un determinado momento constituya su foco de interés o punto de referencia (sea familiar, grupal, organizacional, regional, etc.) y el término 'subcultura' para todas las variantes culturales diferenciadas, insertas en ella.

Así, puede hablarse de cultura occidental y de las subculturas europea y americana; de cultura americana y de las subculturas anglosajona e hispanoamericana; de cultura mexicana y de las subculturas urbana y rural; de cultura urbana y de las subculturas familiar, organizacional, gubernamental, etc.; de cultura organizacional y de las subculturas de finanzas, producción y ventas; etc.

2
Cultura organizacional

Una organización social "se contempla como una agrupación artificial de personas[2] con comportamientos e interrelaciones complejos, reunidas en torno[3] a la consecución de una serie de objetivos, de ahí, su 'artificialidad'" (Ortega, 1979:9).

---

[2] Agrupación artificial en el sentido de que no se da naturalmente y por sí sola, como la familia, sino que requiere de una iniciativa ex-profeso para constituirse.

[3] "*En torno*" y no "*para* la consecución de una serie de objetivos", porque aunque el catalizador explícito inicial sea la consecución de objetivos organizacionales, existe en realidad una motivación múltiple y compleja en quienes participan. Así, "en torno" a los objetivos organizacionales se da una variedad de razones, objetivos e intereses –no necesariamente consistentes o congruentes– personales y grupales, por los que la agrupación verdaderamente se genera y se mantiene.

Cuando esa *manera particular y diferenciada para ver, comprender y actuar,* o esa programación colectiva de la mente, *identifica a ese conjunto de personas o grupo humano reunido y estructurado en torno a la consecución de esa serie de objetivos, se le llama cultura organizacional.*

Para Schein (1984:3 y 1985:9), la cultura organizacional es "el patrón de creencias y supuestos básicos, inventado, descubierto o desarrollado" por esa agrupación específica de personas "en su aprendizaje para enfrentar sus problemas de adaptación externa e integración interna".

Para Deal y Kennedy (1982:4), una cultura organizacional o, como ellos le llaman, "cultura corporativa", es "una cohesión de valores, mitos, héroes y símbolos que llegan a adquirir un gran significado" para ese grupo de gente.

Para Morgan (1986:123), que también la llama "cultura corporativa", es "el conjunto de rasgos y modos de comportamiento que conforman el carácter o la identidad [*ethos*] de una organización creado y mantenido por procesos sociales, imágenes, símbolos y rituales –que generalmente están incorporados en la estructura misma de la organización".

Para Gagliardi (1986:133), cultura organizacional es el "sistema coherente de premisas y valores básicos que distinguen a una organización en lo particular y que orientan el comportamiento de sus miembros".

En este trabajo (Ortega, 1982a, 1982b) se entiende por cultura organizacional a *la manera particular y diferenciada de un conjunto de personas –deliberadamente agrupadas en torno a la consecución de una serie de objetivos– para ver, comprender y actuar, tanto en relación a la propia agrupación, sus objetivos, tareas, funciones e interacciones; como en relación al contexto más amplio en el que individual y organizacionalmente están inmersas.*

Como en toda cultura, "esta manera particular y diferenciada" implica" necesariamente "(1) una serie de valores, premisas y supuestos compartidos que (1.1) sustentan acciones y comportamientos o (1.2) fundamentan posturas, filosofías y manifiestos; (2) un grado de congruencia entre los que sustentan aquéllos y los que fundamentan éstos; y (3) un grado de consistencia interna en unos y en otros".

Asimismo, en esa serie de valores, premisas y supuestos compartidos que sustentan acciones y comportamientos o fundamentan posturas, filosofías y manifiestos que integran toda cultura pueden identificarse y reconocerse niveles y componentes constitutivos.

2.1 Niveles de una cultura

Toda cultura tiene dos niveles: Un *nivel evidente* y un *nivel subyacente.*

El nivel evidente está constituido por todo lo que directamente puede verse, oírse y observarse de una cultura: Comportamientos reales o verbales y demás elementos o productos visibles de acciones o comportamientos (edificios, oficinas, decoración de áreas, uniformes o vestimenta del personal, trato entre personas, tecnologías, logotipos, equipos, plantas, etc.).

El nivel subyacente está constituido por todo aquello que, sin ser directamente observable o visible, sustenta y gobierna los comportamientos y demás elementos del nivel evidente y que puede inferirse de la observación de éste: Valores, premisas, supuestos, relaciones causa-efecto (hipótesis, teorías), etc. que generan y hacen posibles esos comportamientos o productos (Ver figura 1).

Mientras que los contenidos del nivel evidente se manifiestan inmediatamente a la observación directa, los contenidos del nivel subyacente sólo pueden ser explorados e inferidos a partir del análisis de los contenidos del nivel evidente, porque se han vuelto inconscientes, invisibles y automáticos. Guían las acciones y los comportamientos sin que necesariamente haya la menor conciencia de que ése es el caso y, por lo tanto, sin que puedan ser cuestionables o cuestionados.

En suma, de una cultura, es evidente lo que se hace (acciones, comportamientos, actividades, conductas, etc.); lo que se dice (filosofías, manifiestos, disertaciones, explicaciones, etc.); y los resultados o productos de ambos (hábitat, enseres, libros, objetos, productos físicos, etc.).

Las motivaciones para hacer lo que se hace y decir lo que se dice y los valores, premisas, etc. que los generan y los sustentan, en cambio, quedan subyacentes.

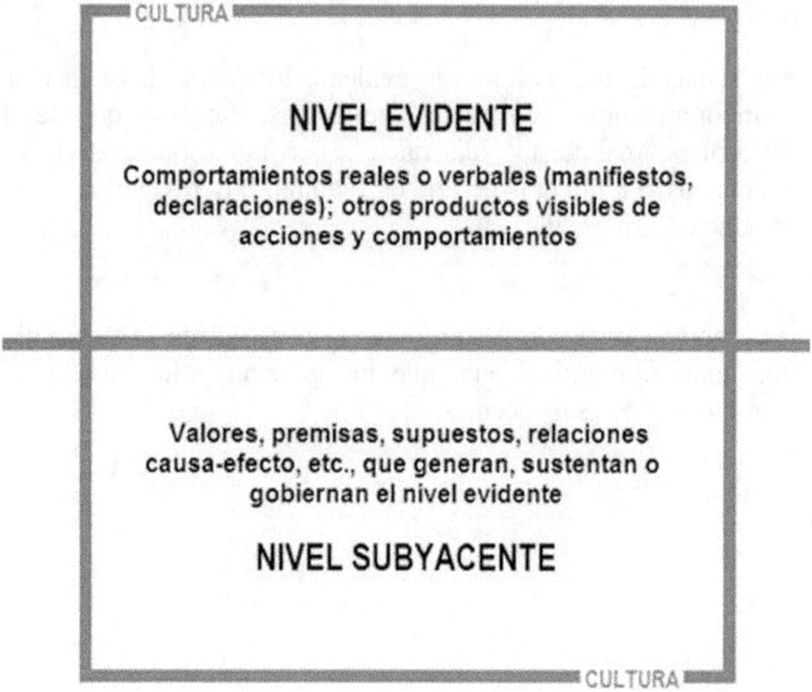

Figura 1
Niveles de una cultura

2.2 Componentes de una cultura

Por otra parte, además de esos dos *niveles*, pueden detectarse dos *componentes* en una cultura: Un *componente operante* y un *componente postulante* (Ver figura 2).

El componente *operante* se refiere a la cultura actuante o en acción y comprende tanto lo que se hace y los productos tangibles de esas acciones, como los valores, premisas, etc. que los motivan, los gobiernan y los sustentan.

El componente *postulante* se refiere a la cultura suscrita o declarada y comprende tanto lo que se dice como los valores, premisas, etc. que lo motivan, lo gobiernan y lo sustentan. Dentro de este componente quedan comprendidas las manifestaciones verbales de principios y creencias; la misión y la visión; la suscripción a filosofías y posturas; y la explicación o fundamentación que la propia cultura pueda darse de sus propias acciones y comportamientos.

El componente operante corresponde a la teoría-en-uso y el componente postulante a la teoría explícita de Argyris y Schön (1974)[4].

El componente operante (teoría-en-uso) comprende también la teoría interna, implícita e inconsciente que realmente gobierna las acciones y los comportamientos de la persona o la organización.

El componente postulante (teoría explícita), a su vez, comprende la teoría manifestada o sostenida por la persona o la organización (Misión, Postura, Manifiesto, Principios o Filosofía personal u organizacional) respecto a qué acciones o comportamientos corresponden a qué situaciones o condiciones. Es, asimismo, la explicación o la respuesta tanto para uno mismo, como para los demás de cómo se comportaría –uno o la organización– ante determinadas situaciones o circunstancias (Argyris y Schön, 1974 y 1978).

---

[4] Para Schein (1984 y 1985) la cultura se manifiesta en tres niveles cada uno con un grado diferente de evidencia –y de conciencia para quienes participan en ella: el nivel de los comportamientos y los productos de una cultura; el nivel de sus valores; y –el más profundo y del que menos conciencia se tiene, por quienes participan en ella– el nivel de las premisas y los supuestos más básicos.

En este esquema, sin embargo, Schein tiene problemas para operacionalizar ese nivel intermedio que él llama el de los valores (Schein, 1984); por ello y aunque sin modificar su esquema sugiere posterior y casi marginalmente (Schein, 1985) que este nivel intermedio en realidad puede equivaler a la teoría explícita de Argyris y Schön (1974). Esta sugerencia marginal clarifica ampliamente su postura: el nivel al que Schein llama el de los valores se refiere exclusivamente a aquél en el que se encuentran los valores que una cultura manifiesta profesar. Existen valores adicionales y seguramente más importantes e influyentes, que sin profesarse, por una parte se manifiestan en los comportamientos aceptados y esperados por la cultura y, por la otra, permanecen incuestionados en el nivel más profundo de la cultura, el de sus premisas, creencias y valores básicos subyacentes.

Integrando ambas posturas (Schein, 1984 y 1985; y Argyris y Schön, 1974), la cultura puede concebirse como constituida por un nivel de comportamientos reales que se apoya en una serie de supuestos, creencias y valores operantes no siempre evidentes (teoría-en-uso) y un nivel de posturas ideológicas, valores manifiestos y comportamientos verbales (teoría explícita), por lo general, ostentosamente evidentes, aunque no siempre operantes.

Figura 2
Componentes de una cultura

El componente operante puede ser o no ser compatible con el componente postulante de una misma persona o una misma organización. En caso de no serlo, la persona o la organización pueden estar o no conscientes de esa incompatibilidad –aunque en la mayoría de los casos suelen no estarlo y tener dificultades para verlo aún en los casos de señalamientos externos.

Todo componente operante, como toda teoría-en-uso, independientemente de sus contenidos específicos, incluye, necesariamente supuestos sobre uno mismo, los demás, la situación en que se está inmerso y la conexión entre acción, consecuencia y situación (Argyris y Schön, 1974 y 1978).

Asimismo, utilizando la terminología de Argyris y Schön (1974, 1978) una cultura puede verse como un conjunto compartido de teorías-en-uso y de teorías explícitas; como una gran teoría resultante.

En el caso de la cultura organizacional, esta teoría global resultante incluiría "estándares de desempeño organizacional [...] estrategias para alcanzar esos estándares [...] y los supuestos que relacionan estas estrategias con esos estándares" (Argyris y Schön, 1978:15-17).

2.3 Niveles y componentes

Cada uno de estos componentes tiene, a su vez, un nivel evidente y un nivel subyacente (Ver figura 3).

La observación y el análisis del comportamiento real [nivel evidente del componente operante] (Cuadrante IV de la figura 3) permite inferir los valores y premisas que lo generan, lo gobiernan y lo sustentan [nivel subyacente del componente operante] (Cuadrante III de esa misma figura).

El comportamiento verbal [nivel evidente del componente postulante] (Cuadrante I) explicita las posturas, ideologías –y, en algunos casos, los valores, premisas y supuestos– que pretenden fundamentar y explicar esos comportamientos reales, sus artefactos y sus productos y, en general, esa cultura –aún y cuando no siempre sea ése el caso (Argyris y Schön, 1974).

A su vez, ese comportamiento verbal permite inferir los valores y premisas que lo generan, lo gobiernan y lo sustentan [nivel subyacente del componente postulante] (Cuadrante II figura 3).

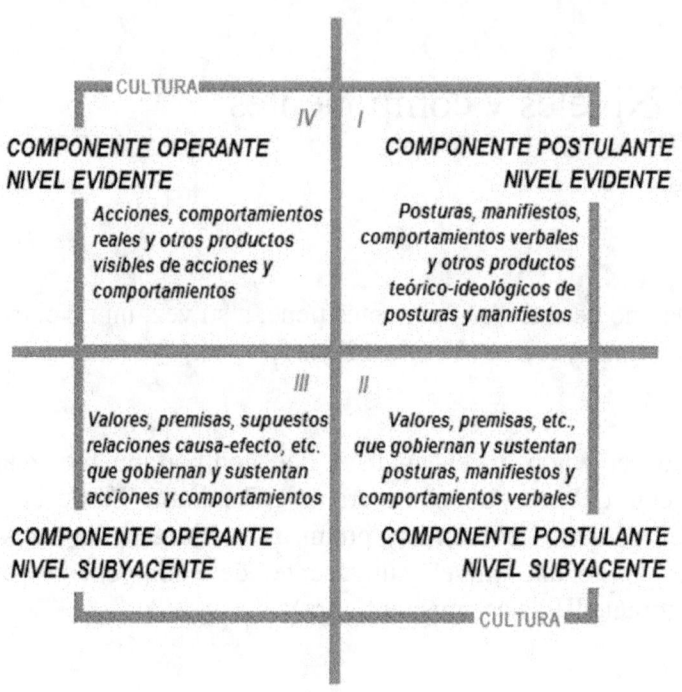

Figura 3
Niveles y componentes de una cultura

2.4 Grado de congruencia de una cultura

Las culturas se caracterizan, asimismo, por el grado de congruencia que exhiben entre sus componentes operante y postulante; entre lo que dicen y lo que hacen (Ver figura 4).

La pregunta básica es: ¿Corresponde o coincide lo que se dice con lo que se hace? Las filosofías o manifiestos [componente postulante] de una cultura ¿verdaderamente están orientando las acciones y comportamientos [componente operante]? y, por lo tanto, ¿conociendo unos se pueden predecir los otros?

Para algunas culturas la respuesta podrá ser "sí"; para otras, "en ciertos casos"; y, para algunas, más, "rara vez" o "nunca".

Debe recordarse que las culturas mismas suelen ser ciegas a estas respuestas y por lo tanto no ser conscientes de ese grado de congruencia.

Paradójicamente, ese grado de congruencia está ya incorporado, también de manera automática, inconsciente e incuestionada a los valores, premisas y supuestos básicos de la propia cultura.

Así, habrá culturas altamente congruentes que impensadamente supongan, esperen y exijan ese mismo grado de congruencia en todas las demás culturas y personas. Inversamente, habrá culturas altamente incongruentes que automáticamente supongan y esperen ese mismo grado de incongruencia en todos los demás culturas y personas.

El grado de congruencia propio de cada cultura constituye uno de los descriptores fundamentales de dicha cultura.

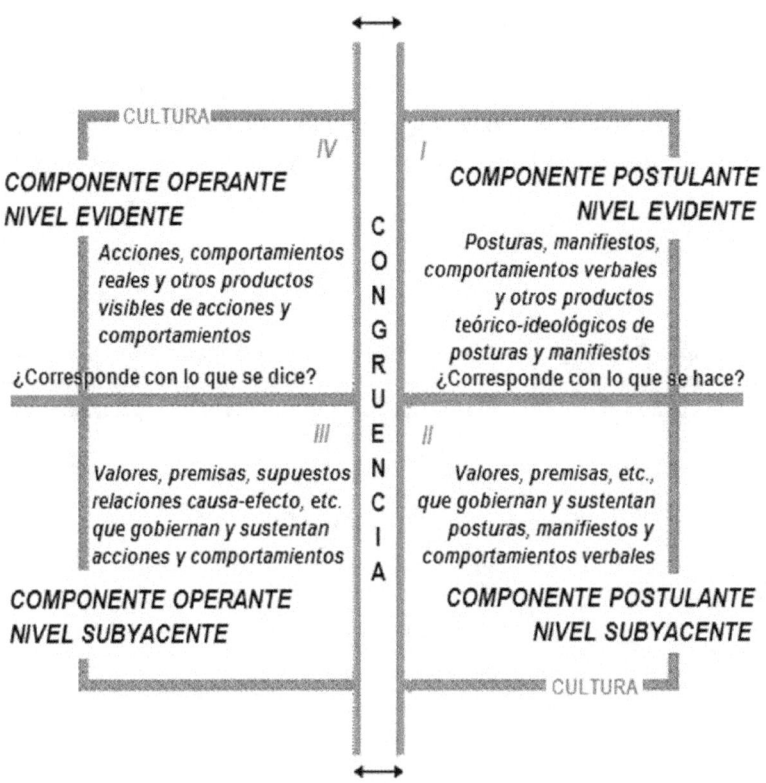

¿Cuánta congruencia hay entre lo operante y lo postulante?

Figura 4
Grado de congruencia de una cultura

En ese sentido podría pensarse en un continuo que iría de la congruencia total [siempre coinciden] a la incongruencia total [nunca coinciden] y situar a las culturas en algún lugar de ese continuo, independientemente de los contenidos específicos característicos de cada una (Ver figura 5).

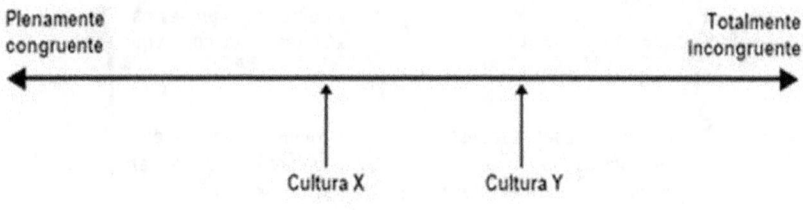

Figura 5
Grado de congruencia

La pregunta de qué tan congruentes son los niveles evidente y postulante de una cultura puede ser crucial porque siendo el nivel postulante la manera en la que la cultura se percibe a sí misma –lo que la propia cultura supone gobierna sus acciones y comportamientos– cuando no es ése el caso y existe un gran divorcio entre los valores que se predican y los que verdaderamente gobiernan acciones y comportamiento, el nivel postulante impide ver no sólo la incongruencia, sino, cuando se dan, los aspectos disfuncionales de acciones y comportamientos en aquellas áreas que son especialmente importantes para la cultura.

Por ejemplo, una organización que tuviera la apertura y la tolerancia como valores fundamentales en su nivel postulante –es decir, se percibiera como muy abierta y tolerante y sintiera la apertura y la tolerancia como altamente deseables– pero que fuera intolerante y dogmática en sus comportamientos reales cotidianos, tendría serias dificultades para (1) detectar esa incongruencia y (2) por lo tanto, para tratar de modificar o transformar su intolerancia y dogmatismo y, eventualmente, llegar a ser en sus comportamientos reales verdaderamente abierta y tolerante.

2.5 Grado de consistencia interna

Finalmente, las culturas se caracterizan por el grado de consistencia que, internamente, exhiben sus componentes operante y postulante (Ver figura 6).

Las preguntas básicas son, por una parte: ¿Los valores del componente operante, son consistentes unos con otros? ¿Las premisas son también consistentes entre sí? ¿Y los comportamientos?

Y por la otra: ¿Los valores del componente postulante, son consistentes unos con otros? ¿Las premisas son también consistentes entre sí? ¿Y las declaraciones y manifiestos?

Como en el caso de la congruencia, aquí también la respuesta podrá ser "sí"; para unas culturas; "en ciertos casos", para otras; y, "rara vez" o "nunca", para algunas, más.

Y podrá referirse al componente operante, al componente postulante o a ambos componentes.

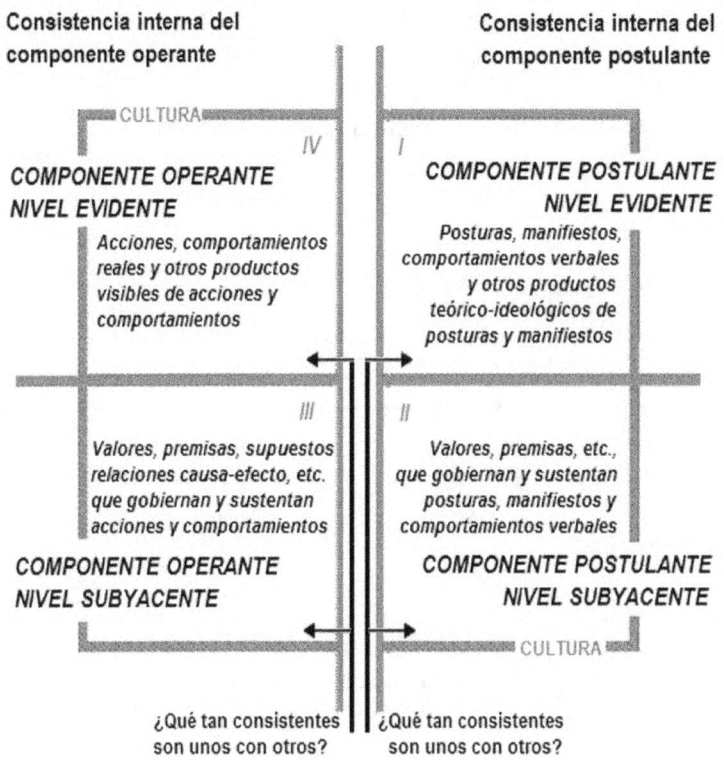

Figura 6
Grado de consistencia interna

De la misma manera que el grado de congruencia, los grados de consistencia interna en los componentes operante y postulante constituyen descriptores fundamentales de esa cultura.

E igualmente que para el grado de congruencia, para la consistencia interna podría pensarse también en un continuo que iría de la consistencia total a la inconsistencia total y situar a cada uno de los dos componentes y finalmente a la cultura misma en algún lugar de ese continuo, también independientemente de los contenidos específicos característicos de cada una (Ver figura 7).

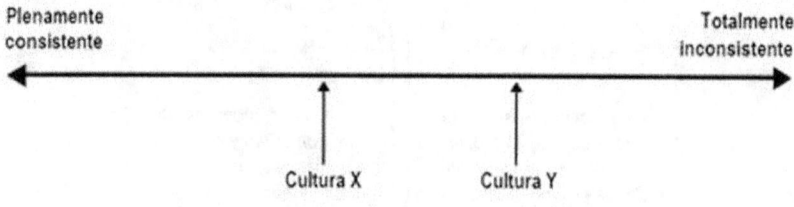

Figura 7
Grado de consistencia

Por ejemplo, una cultura que tuviera la honestidad y la franqueza junto con la cortesía y el respeto como valores fundamentales en su componente operante, podría exhibir diversos grados de inconsistencia cuando al ser franco con alguien pudiera aparecer como falta de cortesía o de respeto, o vice-versa cuando la cortesía o el respeto pudieran interpretarse como hipocresía o falta de honestidad y de franqueza.

2.6 Caracterización de una cultura

En suma una cultura se caracteriza por:

1. La naturaleza de sus *contenidos específicos*, integrados por una serie de valores, premisas y supuestos compartidos [nivel subyacente] que sustentan acciones y comportamientos [componente operante, nivel evidente] o fundamentan posturas, filosofías y manifiestos [componente postulante, nivel evidente];

2. Un grado de *congruencia* entre los que sustentan aquéllos y los que fundamentan éstos; y

3. Un grado de *consistencia* interna en unos y en otros (Ver tabla 1).

Variables de una cultura			
Variable	Componente	Nivel	Elementos
Naturaleza de contenidos	Operante	Evidente	Comportamientos reales y sus productos
		Subyacente	Valores, premisas, supuestos, relaciones causa-efecto, etc., que los generan, los gobiernan o los sustentan.
	Postulante	Evidente	Comportamientos verbales, manifiestos ideológico-filosóficos, etc.
		Subyacente	Valores, premisas, supuestos, relaciones causa-efecto, etc., que los generan, los gobiernan o los sustentan.

Tabla 1a
Variables de una cultura

Grado de congruencia	*Operante y postulante*	Evidente	Grado de congruencia entre comportamientos reales y verbales.
		Subyacente	Grado de congruencia entre los valores, premisas, etc., que generan, gobiernan y sustentan los comportamientos reales y los que generan, gobiernan y sustentan los comportamientos verbales.

Grado de consistencia	Operante	Evidente y subyacente	Grado de consistencia interna en comportamientos reales y en las premisas, supuestos, etc., que los generan, los gobiernan y los sustentan.
	Postulante	Evidente y subyacente	Grado de consistencia interna en comportamientos verbales y en las premisas, supuestos, etc., que los generan, los gobiernan y los sustentan.

Tabla 1b
Variables de una cultura

2.7 Cultura y clima organizacional

Conviene hacer dos precisiones en torno al concepto de cultura organizacional y al desarrollo de la atención académica y social en ese campo.

Inicialmente, en algunos sectores, incluso académicos, se llegó a dar una confusión entre los términos de *cultura* y *clima* organizacional.

Como se ha visto, la *cultura* es un *sistema compartido* (*externo* al individuo aunque él mismo haya contribuido a su construcción, lo haya internalizado y siga contribuyendo a su mantenimiento) de valores, supuestos y premisas que forjan una serie de normas conductuales y de conductas resultantes y que genera una serie de productos, manifestaciones y resultados palpables y visibles. Sin ser inmutable, una cultura es relativamente estable.

El *clima* organizacional, por el contrario, es una *percepción personal* (*interna* del individuo que la disfruta o que la sufre) ya sea de esa cultura como un todo o de incidentes, aspectos o momentos en la vida cotidiana de la organización. Y aunque esa percepción puede ser generalizada (abarcando a una sección, un departamento, o incluso la organización como un todo), tiene que ser individual y personalizada; adicionalmente, aunque esa percepción puede ser también estable o permanente, generalmente es temporal y transitoria –por lo que algunas organizaciones llegan a evaluar el clima organizacional una o dos veces por año, para determinar esas fluctuaciones y detectar departamentos o condiciones en los que se ha deteriorado.

Es cierto, en algunos casos, que aunque algunas culturas pueden tener como uno de sus componentes un clima de terror o un mal clima organizacional, generalmente el clima y sus cambios se presentan con independencia de la cultura.

Por ejemplo, hay muchas variables coyunturales que pueden afectarlo: Un cambio de Director General (a nivel de toda la organización) o un cambio de Jefe (a nivel de sección o departamento) suelen tensar o empeorar temporalmente el clima organizacional; lo mismo puede ocurrir con un cambio anunciado de estructura organizacional, de instalaciones, etc.; con la incorporación de nuevas tecnologías, etc.

2.8 La cultura como tema de estudio

Por otra parte, cabe recalcar que la cultura organizacional como tema de estudio, es decir, el interés académico y social en el estudio y la atención a la cultura organizacional es de cuño relativamente reciente.

Hasta hace muy poco, las organizaciones se creaban y se desarrollaban sin mayor consideración a su cultura potencial o a la cultura nacional en la que estaban insertas, que la que inconsciente pero intuitivamente se daba a aquellos aspectos del nivel evidente tanto operante como postulante que buscaban evitarse, corregirse o impedirse en la forma de operar de la nueva organización.

No es realmente sino a partir de la última cuarta parte del siglo XX que el concepto de cultura organizacional principia a estudiarse y atenderse –aunque aún en nuestros días esta atención no se dé siempre de manera sistemática ni, mucho menos, de manera generalizada, especialmente por quienes son responsables de dirigir y operar esas organizaciones.

Tampoco debe suponerse que esta atención se da como resultado de la globalización: El interés académico y operativo en la cultura organizacional surge antes de que se identifique y etiquete el de la globalización o mundialización de las economías y de las organizaciones y mucho después de que existieran las empresas transnacionales.

Las empresas internacionales o multinacionales han existido por mucho tiempo y por siglos, ciega pero automáticamente, imponían la cultura organizacional propia de su país de origen al resto de los países en los que operaban y a los naturales de esos países que llegaban a emplearse en ellas.

Esta imposición incluía, naturalmente, tipos de vestimentas, maneras de interactuar y hasta maneras de divertirse y de entender y ocupar el ocio.

No ha sido, pues, la internacionalización de las organizaciones la que ha generado ese interés por la cultura organizacional y la atención a los contrastes culturales entre las naciones en las que operan y su influencia en las operación de las organizaciones, aunque definitivamente, ahora con la globalización o mundialización, las organizaciones internacionales se han beneficiado notablemente con el estudio, la investigación y el desarrollo de esta área del conocimiento.

Hoy en día, los avances en el área de cultura se utilizan tanto para fortalecer el diseño y la operación de las organizaciones sean nacionales o internacionales, como para facilitar la asimilación cultural en los casos de fusión o de integración entre dos o más organizaciones ya existentes.

Ahora, también, cuando desde el inicio se tienen pretensiones multinacionales para una organización en ciernes, consciente y decididamente se atienden aquellos valores, premisas o supuestos abiertamente en conflicto con las otras culturas nacionales participantes o con la idea imperante que se tenga de lo que es aceptable, deseable y efectivo para organizaciones internacionales de ese tipo.

3
Subculturas[5]

Una subcultura es una provincia reconocible de una cultura, con la que se comparten los valores, premisas y comportamientos fundamentales y definitorios, pero en torno a los cuales se han ido sumando valores, premisas y comportamientos adicionales diferentes característicos por lo que se exhiben, también, rasgos propios que permiten diferenciarla como modalidad o variante dentro de la unidad, como cultura particular (o especializada) dentro de una cultura más amplia.

Esos valores, premisas, comportamientos adicionales, por una parte dotan a la subcultura, precisamente, con los rasgos que le crean una

---

[5] El término *subculturas* se maneja aquí con sus denotaciones *organizacionales* de provincias integrantes pero reconocibles dentro de una cultura más amplia y sin las connotaciones peyorativas que puede tener en algunos de sus usos sociales no académicos.

identidad propia y la hacen reconocible como subcultura y, por la otra, por la naturaleza propia de las subculturas, también se integran lo suficientemente bien con los valores, premisas y comportamientos básicos o fundamentales de la cultura más amplia como para ser aceptados por éstos.

Mientras que los valores, premisas, comportamientos, etc., de la cultura más amplia son compartidos por todos, aquellos valores, comportamientos, premisas, etc., que dotan a una subcultura de su identidad particular dentro del todo, sólo son compartidos por los miembros de dicha subcultura.

Quienes comparten esa subcultura exhiben, en sus valores, premisas y comportamientos, modalidades plenamente identificables y reconocibles para todos los demás miembros de la cultura más amplia de la que forman parte, aunque difícilmente detectables –en sus diferencias o modalidades– para miembros de otras culturas.

Y, justamente, porque la cultura misma se vuelve invisible para quienes la comparte, los contenidos diferentes de las subculturas son los que se vuelven extraordinariamente evidentes para los demás miembros de la cultura que no comparte esa subcultura.

Las subculturas tienden a generarse en torno a la profesión (contadores, abogados, ingenieros, etc.); el nivel organizacional (directores, gerentes, operadores, etc.); el área o departamento de trabajo (informática, ventas, operación, mercadotecnia, etc.); el nivel social (clase alta, media, etc.); los grupos de edad (adolescentes, jóvenes, adultos, etc.); el estado civil (solteros, casados, divorciados, etc.); la institución educativa de origen (los de la Universidad X, el Instituto Y, etc.); etc. (Ver figura 8).

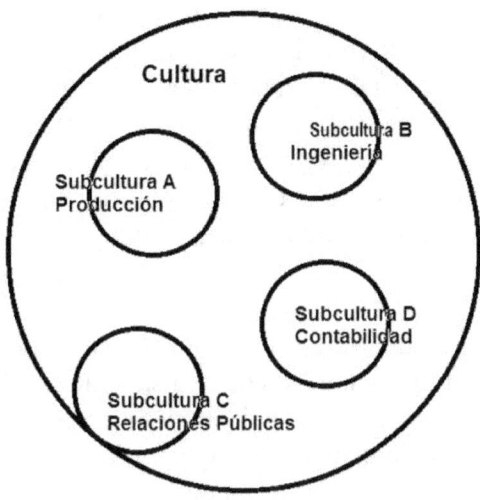

Figura 8
Subculturas en una cultura

Los valores, premisas, comportamientos, etc., propios o característicos de cualquiera de estos denominadores comunes son los que definen la subcultura, aunque puedan, a su vez, atenderse como los valores, premisas, etc., básicos y centrales objeto de estudio, cuando lo atendido no sea la subcultura sino la cultura particular de la profesión, el grupo de edad, la zona geográfica, etc., constituida a su vez por sus propias subculturas –definidas por las variables adicionales que se quiera (que pueden ser geográficas, regionales, organizacionales, etc., o cualesquiera otros de los denominadores comunes ya mencionados).

En otras palabras, la subcultura ingenieril de la cultura X podrá ser vista como la subcultura X de la cultura ingenieril.

Así, por ejemplo, al considerar a la Organización M, como la entidad cultural de referencia, puede hablarse de sus subculturas contable, directiva, sindical, obrera, etc., aunque, por ampliar el ejemplo, cada una de éstas pueda ser considerada a su vez como una cultura. En este caso se hablaría de la cultura obrera, directiva, sindical, etc., y de sus subculturas en la Organización M, la Institución F, la Agencia Gubernamental P, etc.

Asimismo, los miembros de una organización pueden pertenecer, y generalmente pertenecen, a más de una subcultura. Por ejemplo los egresados de una misma universidad suelen constituir una subcultura independientemente de si, además, pertenecen también a la subcultura de su ocupación (ingeniería, contabilidad, etc.); de su nivel organizacional (dirección, gerencia, etc.); de su área geográfica, etc. (Ver figura 9).

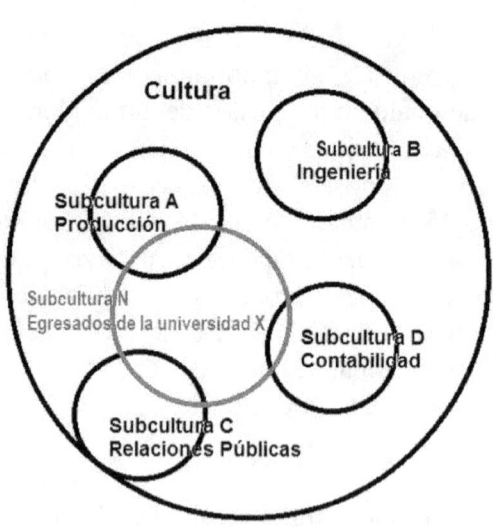

Figura 9
Membresías en subculturas

Para este trabajo toda subcultura tiene tres componentes que la integran y la hacen viable: (1) el componente fundamental de la cultura base (nación, organización, familia, etc.); (2) el componente adicional de la cultura 'ajena' o externa (otro país, otra organización, profesión, área geográfica, etc.); y (3) el componente definitorio de toda subcultura independientemente de los contenidos de las culturas base y 'ajena' o externa: su *carácter de frontera.*

Toda subcultura suele ser un frontera que conecta, traduce, interpreta, comprende y domina dos culturas diferentes y esta propiedad de frontera le da ese carácter particular que comparte con absolutamente toda otra subcultura: "toda frontera tiene características definitorias que le vienen precisamente por su condición limítrofe o su naturaleza de frontera" (Ortega, 1989:149).

Y, a su vez, toda subcultura tiene por definición una condición limítrofe o de frontera con las premisas, supuestos y comportamientos de otra nación, profesión, región geográfica, nivel o función organizacional, etc. "Precisamente, es el contacto e intercambio constantes y permanentes con una cultura diferente lo que genera en la subunidad de una cultura esa subcultura particular" (Ortega, 1989:154).

Por otra parte, la existencia, el número y la diversidad de subculturas son, generalmente, un índice del grado tanto de apertura como de fortaleza de una cultura.

Las culturas intolerantes o cerradas parecerían caracterizarse por una gran uniformidad en todos sus niveles y en todos sus valores, premisas y comportamientos, desde los básicos o fundamentales, hasta los nimios o triviales. Las culturas con una gran apertura parecerían caracterizarse, en cambio, por el número y la diversidad de subculturas en su seno.

En las organizaciones productivas de bienes, las áreas de producción, ingeniería, ventas, investigación y desarrollo de nuevos productos, finanzas, etc. suelen generar sus subculturas particulares, de la misma manera que las filiales en la región X, Y o Z generan las suyas.

En las instituciones educativas existen no sólo las subculturas académica, deportiva, administrativa, etc., y las de los recintos, sedes o campus A, B y C, sino las subculturas de cada una de las unidades académicas que las integran (por facultades, para educación superior; por nivel educativo, para instituciones de preescolar a bachillerato).

En ocasiones, la subcultura de una área funcional clave para la organización en un momento dado puede convertirse en la subcultura dominante e, incluso, llegar a transformar la cultura organizacional misma.

En los años 20, por ejemplo, General Motors, ante severos problemas financieros, cedió el dominio de la compañía y la cultura resultante a la gente de finanzas que salvó la compañía de la quiebra. Ese dominio duró por casi 70 años hasta que problemas severos de calidad y diseño obligaron a entronizar a la subcultura de producción como cultura dominante, con la esperanza de que revitalizara la cultura organizacional de General Motors como un todo (Cray, 1980).

Hay, por ejemplo, instituciones de educación superior en donde la subcultura dominante es la administrativo-académica (control escolar, servicios escolares) y ese dominio es evidente en toda la vida institucional, donde no sólo profesores, sino directores de facultad quedan supeditados a ella. Otras instituciones, en cambio, tienen a la académica como cultura dominante (profesores, directores, decanos) y supeditan a ello, todo lo demás.

La existencia de subculturas organizacionales se genera muchas veces expresamente por la necesidad de facilitar la operación y de asegurar la viabilidad de la organización misma.

Por ejemplo, el área de comunicación externa o de relaciones públicas, el área jurídica o la de relaciones gubernamentales, etc. que le permiten a la cultura base ver, y comprender las culturas 'ajenas' o externas del gobierno, la justicia y el medio ambiente de la organización y de actuar en ellas con el rigor y las exigencias necesarias.

Si estas áreas no se convirtieran auténticamente en subculturas, no podrían desarrollar verdaderamente los valores, premisas, supuestos, etc. indispensables para lidiar con culturas ajenas y para ser efectivas en sus interacciones con ellas.

Asimismo, otras áreas internas requerirán desarrollar valores y comportamientos adicionales propios por las exigencias particulares de su actividad específica, que no serían necesariamente indispensables y quizás ni siquiera recomendables o deseables para áreas diferentes de la organización.

El área contable, por ejemplo, requerirá desarrollar y mantener una estructura y unos procesos rigurosamente más rígidos que el área de recursos humano, diseño de nuevos productos, atención a clientes, etc.

Las subculturas, en suma, no sólo existen como parte integral de la cultura organizacional sino que pueden ser verdaderamente indispensables para la supervivencia y el florecimiento de esa misma cultura como un todo.

4
Contenidos de una cultura

Como se ha dicho, los contenidos básicos de una cultura están constituidos por la manera particular en la que los miembros de esa cultura conciben o se explican (1) el medio ambiente; (2) la realidad; y (3) el ser humano, su naturaleza, sus actividades y las relaciones entre los seres humanos (Ortega, 1982a, 1982b; Schein, 1984, 1985); y el mapa implícito que, apoyado en esas concepciones, guía sus acciones y comportamientos.

Respecto al medio ambiente, la cultura define su naturaleza y el tipo de relación a establecer con él.

¿Se le atiende o se le ignora? Y si se le atiende, ¿es en una relación de dominio y puede transformarlo o hacer con él lo que se quiera? ¿Es una relación de sumisión y se debe aguantarlo o sufrirlo y adaptarse totalmente a él sin afectarlo? ¿Es una relación de armonía y deben equilibrarse las necesidades del ecosistema?

Asimismo, debe responderse a la manera cotidiana de establecer y mantener esa relación: ¿Cómo debe manejarse e incorporarse el medio ambiente a la organización? ¿En qué medida? ¿Con qué salvaguardas?

Respecto a la realidad, la cultura define su entorno y su espacio; el tiempo, y la organización.

El entorno se ocupa de lo natural y lo sobrenatural; de la verdad y su manera de conocerla (¿Descubierta, acordada, dictada, negociada, revelada?); y el espacio, de su naturaleza y sus usos (¿Privado o común? ¿Individual o compartido?); etc.

Asimismo, atiende el tiempo, su manera de concebirlo (¿Lineal, circular, quebrado? ¿objetivo y externo? ¿subjetivo e interno?) y manejarlo o administrarlo (¿puntualidad y precisión? ¿programado?); y del horizonte temporal que debe atenderse (¿Corto, mediano, largo plazo?).

Y responde sobre la naturaleza y las características distintivas de la organización (¿Para que sirve? ¿cómo y para qué se integra la gente? ¿con qué productos y resultados? etc.).

Respecto al ser humano, la cultura define su naturaleza, sus actividades y sus relaciones e interacciones, en el contexto de las posturas que haya tomado frente a la realidad y al medio ambiente y sus respuestas particulares a las interrogantes planteadas.

¿Cómo es el ser humano? (¿Racional, afectivo y en relación, estructural, político, simbólico? ¿Orientado a qué valores? ¿Naturalmente bueno o malo? ¿Estático o dinámico?); ¿qué necesidades tiene? (¿Fisiológicas, de seguridad, afecto, pertenencia, autorrealización?); ¿cuáles son sus motivaciones (¿Reconocimiento? ¿Autorrealización? ¿Con dinero baila el perro? ¿Por amor a la camiseta? ¿Cómo Fuenteovejuna, todos a una?); etc.

¿Cómo es la actividad humana? (¿Es libre o predeterminada? ¿Orientada o errática?); ¿cuáles son las actividades válidas para un ser humano? (¿Trabajar, descansar, divertirse, luchar?); ¿cuál es la naturaleza del trabajo (¿Es una maldición bíblica –ganarse el pan con el sudor de la frente– o tiene un valor intrínseco?); etc.

¿Cuáles son los comportamientos aceptables e inaceptables? ¿En qué condiciones o situaciones? ¿Con qué premios o qué castigos? ¿Quién los decide y quién los ejecuta?

¿Cuáles son las vestimentas apropiadas? ¿En qué contextos? ¿Con variantes o sin variantes? ¿Con algunas diferencias por género y por edad? ¿Para qué tipo de situaciones y momentos?

¿Cómo deben relacionarse los seres humanos? ¿Cómo deben ser sus interacciones? (¿De manera racional o afectiva? ¿Según el rol, el poder o la investidura que se tenga?); ¿Somos todos iguales o hay algunos naturalmente más importantes que otros? Y de ser éste el caso ¿quiénes son los más importantes? (¿Los que más saben, los más carismáticos, los jefes, los que tienen poder, los magos o intérpretes?).

¿Cómo se agrupan esos seres humanos? ¿Cuáles son las sociedades o asociaciones aceptables e inaceptables? ¿Cuáles son los requisitos de membresía? ¿Quiénes quedan dentro y quiénes, fuera?; etc. (Deal y Kennedy, 1984; Hofstede, 1980, 1984; Ortega, 1982a, 1982b); Schein, 1984, 1985).

Cada cultura desarrolla asimismo un lenguaje propio que la refleja, con el que opera cotidianamente y que se ha ido generando a partir de la realidad atendida, las expectativas comunes, y las experiencias vividas.

Un lenguaje propio en el sentido de que, independientemente de la lengua que se hable (y en el caso de las organizaciones internacionales: en todas las lenguas que se hablen), utiliza un vocabulario privativo con significados particulares compartidos por los miembros de esa cultura (Ortega, 1982b) (Ver tabla 2).

Contenidos de una cultura				
Valores, concepciones, supuestos, premisas, relaciones causa-efecto				
El ser humano	La realidad			El medio ambiente
	El tiempo	El espacio y su entorno	La organización	
Naturaleza	Naturaleza	Naturaleza	Naturaleza	Naturaleza
Características distintivas	Características distintivas	Características distintivas	Características distintivas	Características distintivas
Orientación o enfoque	Manejo o administración	Manejo o administración (incluyendo: conocimiento, realidad, irrealidad)	Manejo o administración	Manejo o administración (incluyendo definición del tipo de relación)
Interacciones con los demás	Horizonte temporal		Orientación o enfoque	
Participación organizacional			Productos y resultados	
Acciones, comportamientos, lenguaje, declaraciones, manifiestos				

Tabla 2
Contenidos de una cultura

5
Tipologías organizacionales

En un esfuerzo por racionalizar esos contenidos y facilitar el estudio y, eventualmente, la administración de las organizaciones y sus culturas, se han desarrollado diversas tipologías a partir de variables consideradas como claves para la caracterización de los valores, premisas, supuestos y comportamientos de una organización.

Una tipología organizacional se define como un esquema conceptual para estudiar y *clasificar* las organizaciones.

Como la atención académica al concepto de cultura organizacional es, como se ha indicado, relativamente reciente, muchas de estas tipologías fueron desarrolladas inicialmente enfocándose no en la cultura organizacional en sí, sino en una serie de variables indirecta pero fuertemente definitorias de esa cultura (valores, premisas, supuestos, comportamientos).

A título meramente ilustrativo, se presentan brevemente cuatro tipologías: Los cuatro sistemas gerenciales de Likert (1967); los cuatro modelos ideales de Wolff (1969); las cuatro culturas típicas de Deal y Kennedy (1984); y los cuatro tipos de cultura de Cameron y Freeman (1991).

Tanto Wolff (1969) como Cameron y Freeman (1991) se enfocan en organizaciones educativas; Likert (1967) y Deal y Kennedy (1984), en organizaciones empresariales.

5.1 Likert: Cuatro sistemas

El modelo de Likert distingue cuatro sistemas gerenciales y de organización cuyos valores, premisas, supuestos permean y definen la cultura organizacional y sus comportamientos resultantes.

Inicialmente identificados simplemente como Sistema 1, Sistema 2, Sistema 3 y Sistema 4, los sistemas se desprenden del análisis de teorías gerenciales y de teorías de motivación del personal en relación con la forma que tiene la organización para atender la motivación, la comunicación, las interacciones personales, la toma de decisiones, la fijación de objetivos y metas, el control y el desempeño.

El sistema 1 se identifica como explotador autoritario; el sistema 2 como benevolente autoritario; el sistema 3 como consultivo; y el sistema 4 como participativo grupal. (Ver tabla 3).

Es evidente que estos sistemas tienen como sustratos la gama o el continuo de estilos de liderazgo de Tannenbaum y Schmidt (1958); la teoría X y teoría Y de Mc Gregor (1960); y la rejilla o Grid Gerencial de Blake y Mouton (1964), con cuyo casillero 9.9 parece coincidir el Sistema 4 plenamente.

Cuatro sistemas			
Sistema 1	Sistema 2	Sistema 3	Sistema 4
Explotador autoritario	*Benevolente autoritario*	*Consultivo*	*Participativo*

Tabla 3
Los cuatro sistemas de Likert

Así, el sistema 1, *explotador autoritario*, genera no una cultura, sino dos culturas antitéticas en continua tensión, si no es que en choque: la cultura de los jefes y tomadores de decisiones y la cultura de los subordinados que tienen que acatar esas órdenes e implementar esas decisiones y que instituyen una estructura informal generalmente opuesta.

El sistema 2, *benevolente autoritario,* disminuye la tensión y se aleja del choque pero siguen siendo dos culturas más que dos subculturas. La cultura de los subordinados mantiene su estructura informal y sigue habiendo resistencia, si no ya oposición. Las relaciones entre las dos culturas se suavizan sin llegar a entenderse o compartir los mismos valores.

El sistema 3, *consultivo,* se mueve ya hacia la constitución de una sola cultura que, aunque mantiene las dos subculturas principales todavía claramente identificables y diferentes, tiende a integrarlas en una cultura que incrementa el entendimiento y la comunicación entre ambas y permite la creación de subculturas de frontera entre una y otra, donde los empleados se sienten verdaderamente más responsables y los jefes más consultivos y empáticos.

El sistema 4, *participativo,* cambia radicalmente los valores y las premisas básicas de las subculturas integrándolas en una gran cultura participativa y compartida en la que aumenta el número de subculturas pero disminuyen sus diferencias, al dejar de ser subculturas por rango y con premisas en choque para volverse subculturas por área o especialidad con la mayoría de valores y premisas ahora compartidos. Se maximiza la participación, la corresponsabilidad y la satisfacción personal.

5.2 Wolff: Cuatro modelos ideales

La tipología de Wolff establece cuatro modelos ideales de universidad –"aunque todos existen y han existido tanto en la realidad como en las mentes de maestros, administradores y reformadores educativos"– cada uno con su propia manera de ser y de operar y con sus formas de autoridad correspondiente (Wolff, 1969:2).

Su objetivo es, en parte, poner al descubierto las contradicciones y los objetivos en conflicto que tienen la gran mayoría de las universidades por buscar alcanzar muy diversas metas; pero también confrontar esos ideales para decidir cuál debería ser el modelo a seguir.

Estos cuatro tipos de universidades ideales de Wolff contemplan la universidad como santuario académico; como campo de entrenamiento profesional; como agencia de servicio social; y como línea de ensamble de gente del sistema (reproductores y soportes incondicionales del sistema) (Ver tabla 4).

Cuatro modelos ideales			
Santuario académico	**Campo de entrenamiento profesional**	**Agencia de servicio social**	**Línea de ensamble de gente del sistema**

Tabla 4
Los cuatro modelos ideales de Wolff

El modelo del *Santuario académico* se refiere a la universidad como torre de marfil, aislada y protegida del acontecer cotidiano de su comunidad y de su contexto, constituida por un cuerpo autónomo de académicos que se regulan y gobiernan a sí mismos alrededor del cual se congregan los alumnos aprendices creando una comunidad cuya cultura es regida por las disciplinas académicas, la tradición y el aprendizaje con relaciones interpersonales informales

El modelo del *Campo de entrenamiento profesional* contempla la universidad como un conjunto de escuelas profesionales orientadas a preparar jóvenes para el ejercicio de algunas de las profesiones socialmente reconocidas y aceptadas y para cuya certificación generalmente se requiere de un organismo gubernamental o profesional externo. Esta cultura suele propiciar una lucha interna constante e inevitable entre las subculturas profesional y académica, cada una con sus propios valores, premisas, supuestos, comportamientos, sistemas de evaluación y reconocimiento.

El modelo de la *Agencia de servicio social* contempla la universidad como una aglomeración semi-inconexa de las actividades y los servicios (educación, consultoría, investigación, entrenamiento, etc.) requeridos por la comunidad externa. Este conglomerado, en su momento llamado *multiversidad*, busca satisfacer una serie creciente pero cambiante de necesidades sociales. Esta cultura no sólo exhibe una gran tensión entre las múltiples subculturas especializadas indispensables para su operación sino, al convertirse en juez y parte, entre el pensamiento crítico y el actuar pragmático, entre el crítico y el operador social.

El modelo de la *Línea de ensamble de gente del sistema* contempla la universidad como un reproductor de los valores, premisas, supuesto y comportamientos aceptados y mantenidos socialmente; como un agente cultural que busca inculcar acríticamente en los jóvenes la cultura imperante.

Esta cultura suele exhibir una fricción constante entre las subculturas organizacionales y generacionales, por una parte de maestros/adultos y, por la otra de estudiantes/jóvenes – especialmente en torno a las premisas de neutralidad de los valores, relevancia de la enseñanza, y eficiencia educativa. (Wolff, 1969).

5.3 Deal y Kennedy: Cuatro culturas típicas

El trabajo de Deal y Kennedy (1984) se apoya en dos variables básicas: el grado de riesgo que conllevan las actividades esenciales de una organización y la rapidez en la retroalimentación recibida respecto a los resultados de los riesgos corridos.

Tanto el grado de riesgo como la retroalimentación se manejan simplemente a dos niveles, alto o bajo, para el primero; inmediata o lenta para la segunda. Este esquema genera una tipología de cuatro culturas, que ellos denominan: Macho, mixta, de riesgo y de proceso (Ver tabla 5).

La cultura macho ("del hombre fuerte/del macho") se distingue por arriesgarlo todo para saber casi inmediatamente el resultado final del riesgo tomado. Como un apostador que se juega toda su fortuna a un juego de *póker* pero que casi inmediatamente sabe si ganó o perdió.

Rapidez en la retroalimentación	Grado de riesgo	
	Alto	Bajo
Inmediata	*Macho*	*Mixta*
Lenta	*De riesgo*	*De proceso*

Tabla 5
Tipología de Deal y Kennedy

La cultura mixta ("trabaja duro/diviértete duro") se distingue por muy bajo riesgo y por conocer sus resultados de manera casi inmediata. Como un vendedor de lotería que inmediatamente sabe si le compraron o no el vigésimo (cachito), pero cada una de cuyas ventas, en sí, no lo hace ni más rico ni más pobre.

La cultura de riesgo ("arriesga toda la empresa") se distingue por un riesgo muy elevado (literalmente el futuro y la viabilidad de la empresa) y, además, por tener que esperar por varios años para conocer el resultado de ese riesgo. Como una compañía fabricante de aviones que arriesga todo su capital para fabricar un modelo nuevo pero que tiene que esperarse tres o cuatro años antes de saber si tuvo éxito y no se perdió todo el capital de la empresa.

La cultura de proceso ("burocracia") se distingue por nunca recibir la menor retroalimentación y por no arriesgar tampoco nunca nada. Siendo tan difícil evaluar lo que hacen, generalmente "se concentran en el cómo" lo hacen. Como toda burocracia, pública o privada donde no pasa nada pero existen muchas reglas en cómo debe de pasar y muchas formas para documentarlo.

Entre las culturas macho típicas se encuentran los departamentos de policía, la industria de la construcción, las agencias de publicidad, el capital de riesgo, la industria del espectáculo, etc.

Entre las culturas mixtas típicas se encuentran las empresas de venta de puerta en puerta (cosméticos, libros, etc.), las franquicias de comida rápida, la industria refresquera, las tiendas de departamentos, etc.

Entre las culturas de riesgo típicas se encuentran las empresas productoras de bienes de capital, la industria automotriz, la industria aero-espacial, las compañías petroleras, la industria minera, etc.

Finalmente, entre las culturas de proceso típicas se encuentran los bancos, las compañías de seguros, las compañías de servicios públicos como electricidad, agua, teléfono, etc. (Deal y Kennedy, 1984:107-123).

5.4 Cameron y Freeman: Cuatro culturas

La tipología de Cameron y Freeman (1991) maneja dos grandes ejes para situar y, con ello, definir a las culturas: La orientación de la organización y la naturaleza de sus procesos organizacionales.

La orientación de la organización se refiere al grado de apertura o cierre de la cultura dominante con relación a su entorno o medio ambiente. Vista como un eje, en un extremo de ese eje está la cultura orientada al interior de la organización y a su integración interna; en el otro extremo, la cultura enfocada al exterior y a lo externo, a su medio ambiente y a su diferenciación.

La naturaleza de los procesos organizacionales, a su vez, se refiere al grado de control de comportamientos y procesos. Vista como un eje, en un extremo de ese eje está la seguridad de comportamientos estables, precisos y firmemente definidos (procesos mecánicos); en el otro la discrecionalidad y el margen de maniobra para operar de acuerdo a las necesidades y las circunstancias (procesos orgánicos). (Ver tabla 6).

La situación de las culturas en estos dos ejes da como resultado la tipificación de cuatro culturas diferentes: La cultura del clan, de la adaptocracia (adhocracia), de la burocracia, y del mercado.

		Orientación organizacional	
		Interna	Externa
Procesos organizacionales básicos	Orgánicos	*Clan*	*Adaptocracia (adhocracia)*
	Mecánicos	*Burocracia (Jerarquía)*	*Mercado*

Tabla 6
Las cuatro culturas de Cameron y Freeman

Para la descripción de estas cuatro culturas, Cameron y Freeman utilizan cuatro rubros definitorios: Características distintivas, el estilo de liderazgo, el tipo de vinculación interna, y el énfasis estratégico.

La cultura del *Clan* se caracteriza por su cohesividad y su participación, su tendencia al trabajo en equipo, y su sentido de sí mismos como familia. Su líder es un mentor y un facilitador y suele ser percibido como una figura paterna. Los lazos internos entre sus miembros, su vinculación, la define la lealtad, la tradición y la cohesión interpersonal. Su énfasis estratégico, más volcado a lo interno que a lo externo, está centrado en del desarrollo del personal, el compromiso y el mantenimiento de un clima de confianza.

La cultura de la *Adaptocracia* (adhocracia) se caracteriza por su adaptabilidad y su creatividad, por su dinamismo y su espíritu emprendedor. Su líder es un emprendedor, un innovador y un visionario con una cierta audacia frente al riesgo. Su vinculación interna está marcada precisamente por compartir ese espíritu emprendedor, esa flexibilidad y espontaneidad y esa actitud frente al riesgo. Su énfasis estratégico gira en torno a la innovación, el crecimiento y el allegamiento de nuevos recursos.

La cultura de la *Burocracia* (jerarquía) se caracteriza por el orden, las reglas, los reglamentos, la uniformidad de comportamientos y procesos, y la eficiencia. Su líder es un administrador que organiza y coordina. Su vinculación se apoya en la certidumbre y la certeza, las expectativas claras, las normas, las políticas y los procedimientos. Su énfasis estratégico está también volcado en lo interno buscando y valorando la predictibilidad, la estabilidad y la regularidad en la operación.

La cultura de *Mercado* se caracteriza por su competitividad, su atención y sus intercambios con el entorno o medio ambiente y su énfasis en el logro de objetivos. Su líder es decisivo y está orientado a logros y resultados. Su vinculación se apoya en la orientación compartida a metas, la competencia y la producción y logro de resultados. Su énfasis estratégico, se centra en las ventajas competitivas y en la superioridad en el mercado.

5.5 Tipologías y clasificación

Por su interés en el estudio de las culturas organizacionales para clasificarlas, las tipologías han sido generalmente utilizadas más para la clasificación que para el conocimiento exhaustivo y, sobre todo, matizado de esas organizaciones y de esas culturas.

Ello se debe a que, generalmente, las tipologías concluyen – como se ha visto– en un esquema de cuatro o cinco tipos[6] de organizaciones y culturas que si bien, por una parte puede iluminar de golpe las características más señeras de esa cultura y contrastarlas de manera simplificada con las de otras organizaciones; por la otra, se corre el riesgo de que esa iluminación instantánea acabe por caricaturizarlas al reducir – para facilitar su comprensión– un número muy grande de variables a sólo unas cuantas, borrando con ello muchas de las complejidades, variantes y matices significativos de esas organizaciones y esas culturas.

---

[6] No todas las tipologías se limitan a cuatro tipos básicos de cultura. La tipología de Mintzberg (1979, 1983), por ejemplo, ofrece cinco. Esta tipología se desprende de la interacción de tres variables determinantes no sólo para la estructuración de la organización sino, especialmente, para su cultura resultante: El tipo de coordinación, el eje organizacional y los parámetros de estructuración. Estas tres variables le permiten a Mintzberg establecer cinco tipos de estructuras organizacionales: la estructura simple, la máquina burocrática, la burocracia profesional, la organización divisional y la adaptocracia (adhocracia)

Para algunos, "la utilidad de una tipología de atributos culturales radica en su capacidad para examinar empíricamente el grado en que sus elementos son congruentes" (Cameron y Freeman, 1991:27), dado que se asocia la idea de congruencia cultural con fortaleza, efectividad, y excelencia organizacionales (Deal y Kennedy, 1982; Schein, 1984, entre otros).

Desde esta perspectiva, las tipologías permiten analizar si la cultura dominante de una organización es congruente, ya que de serlo se ajustaría únicamente a uno de los tipos ahí tipificados: la congruencia de una cultura se define, precisamente, como consistiendo total y exclusivamente de elementos de sólo uno de esos tipos de cultura.

Sin embargo, trabajos como el de Cameron y Freeman (1991), parecen mostrar que la única relación de una cultura con efectividad y excelencia radica en los contenidos específicos de esa cultura y no con su grado de congruencia o consistencia.

6
Descriptores culturales

De ahí la relevancia de los descriptores culturales, que buscan no tanto clasificar cuanto describir una cultura en términos de un conjunto de variables que estos esquemas descriptores consideran como relevantes.

De la enumeración de los contenidos potenciales de la cultura, que se ha hecho en el capítulo 4, debe ser evidente que existirán tantas culturas diferentes como respuestas distintas puedan darse a todas y cada una de las interrogantes ahí planteadas.

Para analizarlas y describirlas en toda su particularidad, se han seleccionado dos esquemas diferentes de descriptores culturales, los *Indices* de Hofstede (1978a, 1978b, 1984) y las *Dimensiones organizacionales* de Ortega (1982).

Los *Índices* de Hofstede se desarrollaron para culturas nacionales; las *Dimensiones organizacionales* de Ortega se establecieron para todo tipo de niveles culturales, desde la cultura personal, familiar y organizacional hasta las culturas nacionales en que esas personas, esas familias y esas organizaciones están inmersas.

6.1 Hofstede: *Índices*[7] de una cultura

Para Hofstede (1984), existen cuatro índices cuyos valores permiten identificar y separar culturas organizacionales y nacionales: *distancia del poder, rechazo a la incertidumbre, individualismo y masculinidad.*

La *distancia del poder* se refiere a cómo se contemplan en una cultura las desigualdades de poder, sociales y organizacionales y en qué grado son aceptables y aceptadas tanto por quienes detentan el poder como por quienes se le someten.

Entre más alto sea el índice de distancia del poder, mayor desigualdad entre las partes y mayor aceptación de esa desigualdad que se interpreta como natural (Hofstede, 1984:92-152).

El *rechazo a la incertidumbre* se refiere a la tendencia a buscar estabilidad, seguridad, estructuras y normas claras para operar; y por la poca capacidad de una cultura para manejar la ambigüedad,

---

[7] Originalmente denominados *índices* (Hofstede, 1978a y 1978b) y rebautizados posteriormente como *dimensiones* (Hofstede, 1980 y 1984), por su carácter de factores o variables precisas y puntuales que, a su vez pueden quedar comprendidas junto con otras variables en una misma dimensión, aquí se ha optado por mantener su denominación original.

la tolerancia, el relativismo. Entre menor sea esta capacidad cultural para tolerar y manejar la ambigüedad, mayor será el rechazo a la incertidumbre.

Entre más alto el índice de rechazo a la incertidumbre, mayor necesidad de valores absolutos, reglas, estructuras y observancia de normas y preceptos (Hofstede, 1984:153-212).

El *individualismo* se refiere a la visión que tiene la cultura respecto a qué constituye la célula o unidad básica de la sociedad (el individuo, el grupo o la colectividad) y cuáles son las relaciones entre éstos.

Entre más alto el índice de individualismo, mayor la conciencia del "yo", la orientación hacia uno mismo, la confianza en las decisiones individuales y el énfasis en la iniciativa y logros personales (Hofstede, 1984:213-260).

La *masculinidad* se refiere a la orientación básica de una cultura hacia las características asociadas en la cultura occidental de los primeros tres cuartos del siglo XX, con el rol o papel jugado por las personas del sexo masculino, así como al grado de definición y de petrificación de los roles sociales.

Entre más alto el índice de masculinidad mayor la asertividad, agresividad y la necesidad de dominio de una cultura; mayor, también, su orientación al dinero y a las cosas (Hofstede, 1984: 261-311).

Aunque los índices son aplicables a toda cultura, Hofstede los utiliza para cuantificar y situar las culturas nacionales en las que están insertas las organizaciones que estudia y atender las modalidades de dirección y administración que estas diferentes culturas requerirían de sus organizaciones.

El trabajo de Hofstede es quizás el único trabajo de investigación que confirma empíricamente la percepción tan generalizada como intuitiva de culturas regionales o etnohistóricas como la iberoamericana, la escandinava, la anglosajona, etc.

Los índices obtenidos por Hofstede (1984:315) para México[8] y algunos otros países, por ejemplo, se muestran en la Tabla 7.

Los países con los índices más altos son Filipinas con 94 en distancia del poder; Grecia con 112 en rechazo a la incertidumbre; E.E.U.U. con 91 en individualismo y Japón con 95 en masculinidad. (Ver tabla 7).

Los países con los índices más bajos son Austria con 11 en distancia del poder; Singapur con 8 en rechazo a la incertidumbre; Venezuela con 12 en individualismo; y Suecia con 5 en masculinidad (Hofstede, 1984:315).

La utilización de los cuatro índices permite no sólo identificar y diferenciar la cultura particular de cada país, sino, como se ha dicho, empíricamente, generar grupos culturales como el latino, el anglosajón, el escandinavo, etc.

---

[8] Sin paralelo previo, hasta ahora, ningún otro trabajo tiene la base empírica del de Hofstede (1980:9-11). Desarrollado en 40 países durante un lapso de más de 12 años, el trabajo se apoyó en la realización de dos encuestas (una en 1968 y otra en 1972) a más de 116,000 personas.

País	Índices			
	Distancia del poder	*Rechazo a la incertidumbre*	*Individualismo*	*Masculinidad*
México	81	82	30	69
E.E.U.U.	40	46	91	62
Canadá	39	48	80	52
Japón	54	92	46	95
España	57	86	51	42
Promedio 40 países	52	64	50	50

Tabla 7
Índices de Hofstede para algunos países

6.2 Ortega: *Dimensiones* organizacionales

El trabajo de dimensiones organizacionales (Ortega, 1982a, 1982b, 1985) parte de la concepción de que las organizaciones operan en cinco dimensiones (racional, personal, estructural, política y simbólica) por lo que en todo momento las cinco dimensiones están presentes (ver figura 10).

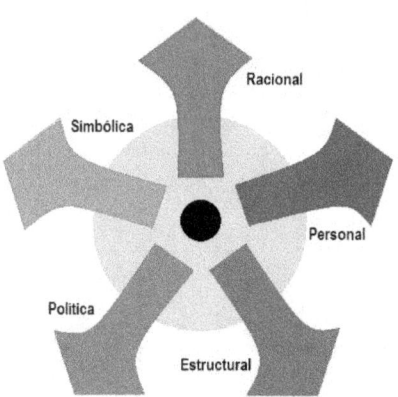

Figura 10
Las dimensiones organizacionales

Esta presencia, sin embargo, puede darse en forma desigual en cada organización específica, en el sentido de que aún estando todas siempre presentes, alguna o algunas predominen sobre las restantes.

Así, las organizaciones exhiben una preferencia dimensional que agrupa y jerarquiza a las cinco dimensiones de una manera distintiva para cada organización, constituyendo, con ellas, un perfil propio sui-géneris.

"Cada organización puede acentuar de una manera particular y característica ciertas dimensiones por sobre las otras, destacando algunas y, relativamente, marginando otras".

La organización puede situarse en un diagrama pentadimensional indicando su postura en cada dimensión. *La integración específica para una organización determinada* de su situación en cada una de las cinco dimensiones, constituye el *perfil dimensional* característico de dicha organización, su cultura y sus comportamientos" (Ortega, 1982b:13) (Ver figuras 11 y 12).

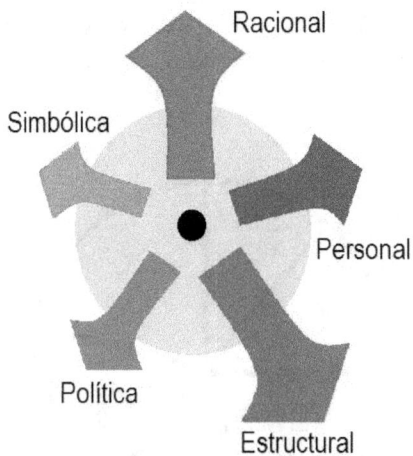

Perfil dimensional A
Estructural-racional-personal
política-simbólica

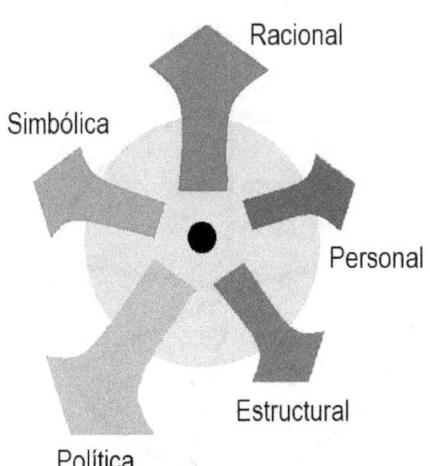

Perfil dimensional B
Política-racional-simbólica
estructural-personal

Figura 11
Los perfiles dimensionales de las organizaciones A y B

Este perfil puede graficarse, asimismo, en un círculo que muestre la proporción presencial de cada una de las dimensiones para ese perfil dado:

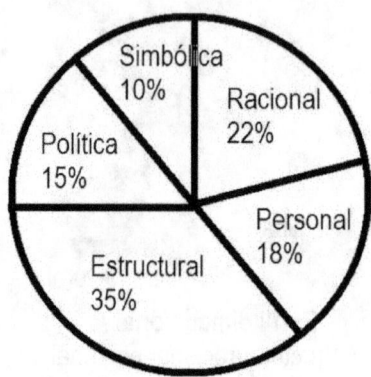

Perfil dimensional A
Estructural-racional-personal
política-simbólica

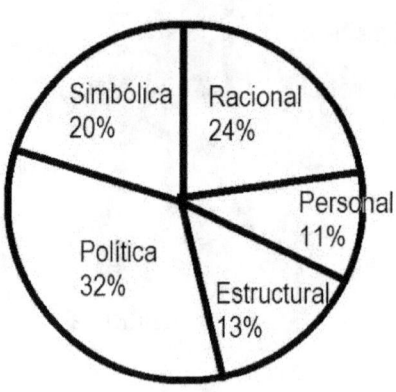

Perfil dimensional B
Política-racional-simbólica
estructural-personal

Figura 12
Representación gráfica del perfil dimensional

Así puede decirse que una cultura es estructural-simbólica-política-racional-personal, indicando con ello que predominan las concepciones, valores, premisas y comportamientos propios de las dimensiones estructural y simbólica, y que probablemente batalla para entender o procesar elementos personales y racionales.

El perfil puede obtenerse tanto para el componente evidente como para el postulante. Dependiendo del grado de congruencia que exhiba esa cultura coincidirán o no ambos perfiles.

Cada dimensión está definida por un conjunto consistente de premisas, valores, supuestos y comportamientos.

En la dimensión *racional*, el ser humano se concibe como un ser fundamentalmente racional, orientado directamente al logro de objetivos y metas, que interactúa de manera estrictamente racional con todos los que le rodean. La organización, por su parte, se concibe como un medio para conseguir un conjunto de metas y objetivos y se orienta a la efectividad y a la eficiencia. La realidad es totalmente cuantificable y medible –si no en acto, siempre en potencia.

En la dimensión *personal*[9], el ser humano se concibe como un ser eminentemente complejo no sólo racional, sino físico, afectivo, social, etc., orientado a su autorrealización en tanto ser humano, que interactúa con los demás en todos los niveles (afectivo, cognitivo, simbólico, etc.). Por su parte, la organización se concibe

---

[9] Esta dimensión originalmente fue llamada de *relaciones humanas* y, posteriormente y por mucho tiempo *relacional*. Las connotaciones gratuitamente positivas suscitadas por ambos términos, así como una tendencia a suponer lo *relacional* como sólo atendiendo al ser social o en relación con los demás y no también en su propio fuero interno, final y renuentemente condujo a llamarla *personal*.

como una agrupación libre de personas, con un valor intrínseco propio. La realidad tiene aspectos racionales y no racionales; naturales y sobrenaturales; objetivos y subjetivos.

En la dimensión *estructural*, el ser humano se concibe como un ser enfocado totalmente al hacer, que necesita de una gran certidumbre y estabilidad, capaz de mantener separados sus diferentes roles o papeles vitales y organizacionales (jefe, amigo, padre, etc.) en función de los cuales interactúa con los demás. La organización, por su parte, se concibe como un conjunto impersonal y general de roles, puestos y tareas insertos en una estructura bien definida. La realidad es algo aparte, cuyos aspectos relevantes han sido previamente codificados e incorporados en manuales, procesos, roles y tareas.

En la dimensión *política*, el ser humano se concibe como un ser interesado en el poder[10] y su ejercicio, por lo que todo lo convierte en herramienta para acrecentar o mantener ese poder. Interactúa con los demás a través de la incertidumbre, la confrontación, el conflicto, la negociación y la alianza. Por su parte, la organización se concibe como una arena política, como un conjunto de fuentes de poder y un conjunto inestable, cambiante, de coaliciones y grupos con grados diversos de poder relativo e intereses también diversos. La realidad, cambiante e impredecible, es una fuente potencial de poder[11].

---

[10] Poder se entiende como la capacidad para hacer que otros actúen de una manera en la que, por sí mismos, no habrían actuado (Dahl, 1957).

[11] A pesar de su nombre, no debe pensarse en esta dimensión como algo meramente político-electoral. Se trata del poder y su manejo, así como de todas las fuentes potenciales de poder, aún las que surgen de otras dimensiones (como la capacidad intelectual, para la racional; el carisma o la personalidad, para la personal; el puesto o el rol, para la estructural; la investidura o la imagen, para la simbólica) o la propias de esta dimensión (como la incertidumbre, la información y su manejo, la capacidad para mover a la gente, etc.). Por dar un ejemplo, en la economía de mercado la fijación de precios es

Finalmente, en la dimensión *simbólica*, el ser humano se concibe como un ser orientado a la generación de sentido y significado y para quien lo importante no son ni las acciones ni las cosas en sí sino las opiniones o los significados que éstas le generan, por lo que transforma las acciones en ritos, las personas en héroes o en villanos, la información en mitos y leyendas, etc. e interactúa con los demás en forma también ritual, de acuerdo con la investidura de cada quien. La organización, a su vez, se concibe como conjunto significante de ritos, símbolos, héroes, ceremonias, etc. La realidad no es siempre racional, sino más bien mágica, impredecible, sin relación causa-efecto. Nuestra única forma de controlarla es dándole significado[12].

Caricaturizando –por lo breve y escueto de los datos– y simplificando –porque en este ejemplo ilustrativo sólo se identifica la dimensión más fuerte– al aplicar el modelo de dimensiones organizacionales a las cinco instituciones mencionadas en la introducción, se podría decir que en la Empresa X, donde:

> es difícil identificar a simple vista a los jefes, no sólo porque todo mundo viste más o menos igual (informal) y las oficinas son más o menos semejantes, sino porque cuando se discute algo (y siempre parece haber algo que discutir) no se nota la deferencia tradicionalmente acordada a los jefes o a los mayores; se discute fríamente, tope donde tope, y sin embargo nadie parece

---

un proceso fundamentalmente político, es decir, de poder, que se apoya en la incertidumbre y la información: El que fija el precio no está seguro de cuánto estaría el otro dispuesto a pagar y por supuesto que éste tampoco se lo dice. La información es poder.

[12] Algunos autores, como Deal y Kennedy (1984), por su énfasis en lo simbólico, parecerían equiparar esta dimensión con toda la cultura, como sí sólo está dimensión la constituyera. La dimensión simbólica, como las otras cuatro dimensiones, es indispensable para la constitución de una cultura, pero ninguna, aisladamente, podría hacerlo, se necesitan siempre las cinco.

darse por ofendido. Las palabras más frecuentes parecen ser siempre "resultados, resultados".

se tiene una cultura predominantemente racional, donde la jerarquía la concede la razón y la contribución individual al logro de los objetivos, no el organigrama. Donde la comunicación, también orientada a facilitar resultados, tiene contenidos predominantemente informativos y desatiende formalidades y deferencias.

En la Organización Y, por otra parte, donde

> a la gente se le llena la boca cuando habla de Don Alberto, el fundador y actual Director General; repiten sus frases y lo utilizan de ejemplo al educar a sus hijos en sus casas. Don Alberto los conoce a todos. Cuando se los encuentra les pregunta –por nombre– por cada miembro de la familia y se acuerda de todos los detalles que le han contado. Al hacer cada uno su trabajo consciente o inconscientemente se preguntan si lo que están haciendo lo aprobaría Don Alberto. Si se responden que sí, se sienten muy satisfechos; si se responden que no, buscan mejorar lo que hacen.

se tiene una cultura predominantemente simbólica, donde la figura de Don Alberto –alguien inicialmente valorado como persona por su sentido humano (dimensión personal)– se ha ido transformando de persona en héroe y mito, convirtiéndose en el modelo sintético concreto a seguir, que –ya internalizado por todos los que comparten la cultura– fija –desde las conciencias individuales– los estándares a lograr y a quien todo mundo busca emular y agradar.

En el Colegio Z, donde

> no se nota mucha diferencia en la conducta o en el orden de los niños antes o después de romper filas en los honores a la bandera. En el aula, se la pasan platicando unos con otros incluso cuando el profesor está presente y aunque generalmente nunca les dice nada, tampoco le hacen mucho caso cuando llega a decirles algo o llamarles la atención. En la clase todos participan ampliamente; se nota a los alumnos a gusto en un ambiente relajado y alegre.

se tiene un cultura predominantemente personal, donde cada quien tiene una gran autonomía y libertad; donde los objetivos a lograr y las tareas a realizar se supeditan al contexto personal global de los participantes, sus inclinaciones, sus afectos, sus objetivos personales, sus satisfacciones, etc.

En la Universidad W, en cambio, donde

> lo primero que el maestro –siempre de corbata y saco– hace es pasar lista. Aquellos alumnos –siempre de mezclilla cara, algunos en shorts– que al final del semestre tienen menos del 85% de asistencias reprueban automáticamente el curso independientemente de su promedio o de los conocimientos que hubieren adquirido. La lista sólo se pasa una vez inmediatamente después de tocar el timbre de entrada. A la ceremonia de graduación sólo pueden asistir quienes van a recibir su título profesional o su grado académico y no los que dejaron uno o dos requisitos o asignaturas pendientes.

se tiene una cultura predominantemente estructural, donde lo más importante son las normas, los procesos y las estructuras; la persona opera (y se viste) de acuerdo con el rol o papel que le toca desempeñar, y los aspectos personales se dejan fuera de la organización. Como dijo uno de los que contrataban egresados de esa Universidad: "Los egresados de W" no sabrán más que los de otras universidades pero traen disciplina" (es decir, estructura, procesos, hábitos).

En la Institución T, por su parte, donde

> todo hay que estarlo negociando continuamente y la
> información se maneja con mucho cuidado, al grado de
> que se bromea con el saludo: Cuando alguien dice
> "Cómo estás" el interpelado contesta "¿para qué quieres
> saberlo? ¿Para grillarme y utilizar esa información en mi
> contra?". No todos los jefes merecen el mismo respeto
> de la gente, aunque tengan la misma posición jerárquica.
> Los que personalmente están más cerca del mero mero
> se perciben como los más importantes.

se tiene una cultura predominantemente política, donde todo,
incluyendo la información más nimia, puede convertirse en
herramienta para mantener o incrementar el poder; donde los
puestos no significan tanto como la cercanía con la fuente misma
de poder; donde todo, incluso el trabajo cotidiano, tiene que estarse
negociando continuamente

.

6.3 Los *índices* y las *dimensiones*

Estos dos esquemas descriptores de una cultura no sólo no se contraponen sino que coinciden ampliamente.

Los índices de *rechazo a la incertidumbre* y de *masculinidad* de Hofstede, con un valor arriba de la media son dos indicadores potenciales de la presencia y la fortaleza de la *dimensión estructural* en una cultura; con un valor abajo de la media, en cambio, son indicadores potenciales de la presencia y la fortaleza de la *dimensión personal*.

Por una parte, la incertidumbre se rechaza con la estabilidad y la certeza que, precisamente, definen a la dimensión estructural. A mayor índice de rechazo a la incertidumbre mayor la demanda de la dimensión estructural.

Por otra parte, el índice de masculinidad indica el grado de definición y petrificación de los roles o papeles, así como los rasgos igualmente estereotipados asignados a dichos roles: Mientras que al rol de masculinidad se le asignan la decisividad, la rigidez y la asertividad, al de la feminidad, en cambio, se le identifica con la flexibilidad, la empatía y el consenso.

Nuevamente, a mayor índice de masculinidad mayor la presencia de la dimensión estructural.

Por el contrario, entre menor sean ambos índices, mayor la presencia de la dimensión personal, dado que Hofstede asocia esos valores en sus índices con una mayor flexibilidad, mayor variedad y liberalidad en conductas, mayor tolerancia y respeto a las diferencias humanas (Hofstede, 1980: 183-185, 294-295).

El *índice de distancia del poder* de Hofstede, contrariamente a lo que su nombre parecería indicar, no queda comprendido en la *dimensión política*, como podría esperarse, sino, nuevamente en la *dimensión estructural*: Una dimensión estructural tan internalizada que ya no se limita a lo organizacional, sino a lo vital.

Entre mayor sea el índice, mayor el autoritarismo de los de arriba y su aceptación como algo natural y el conformismo y la obediencia correspondientes de los de abajo –pero con una visión estructural permanente de esas posiciones y no una visión política y transitoria en donde las fuerzas son cambiantes y en flujo constante. Los jefes se ven como naturalmente superiores y a una distancia insalvable de sus subordinados.

Entre menor es este índice, menor la presencia y la rigidez de la *dimensión estructural*, no su desaparición (Hofstede, 1980: 118-120).

Finalmente, el *índice de individualismo* cuando es bajo refleja la presencia de la *dimensión personal* [particularismo, membresías en grupos, mayor confianza en decisiones grupales, mayor involucramiento personal en la empresa y mayor dependencia emocional de ésta], mientras que cuando es alto refleja la presencia de la *dimensión política* [independencia, relación negociada y calculada con la empresa, atención a relaciones y palancas] así como algunos aspectos *individuales* y no sociales de la *dimensión personal* [objetivos y metas personales diferentes, iniciativa individual, motivadores y factores de higiene] (Hofstede, 1980: 230-231).

Valiosos como descriptores culturales que son, e impresionantes por la cantidad de datos que los respaldan y por el número de países que representan, debe ser evidente que los *índices* de Hofstede si bien iluminan algunos aspectos muy importantes de las culturas, podrían verse como descriptores parciales porque no alcanzan a cubrir ni toda la dimensión en la que parecerían encontrarse ni mucho menos el conjunto completo de las cinco dimensiones.

"Ni toda la dimensión", porque, por ejemplo, la dimensión estructural tiene muchas variables adicionales a las del rechazo a la incertidumbre y a la definición de roles (masculinidad), tales como procesos, codificación de la realidad, etc.

Ni mucho menos el conjunto completo de las cinco dimensiones" porque dejan fuera dimensiones completas como la racional y la simbólica y aún en los puntos que llegan a tocar de las dimensiones personal y política, quedan ausentes sus valores, premisas y supuestos centrales.

Aún así, los *Índices* de Hofstede son unas herramientas extraordinariamente útiles para el estudio de las culturas, tanto organizacionales como nacionales.

Como descriptores culturales, tanto los *Índices* como las *Dimensiones Organizacionales* son instrumentos que permiten acercarse a las culturas para irlas conociendo, para bosquejar sus mapas y para administrarlas y desarrollarlas.

7
Formación y desarrollo
de una cultura organizacional

La formación de una cultura organizacional se da, generalmente, en el contexto de una cultura nacional cuyos valores, premisas y supuestos suelen constituir el sustrato inicial para la nueva cultura organizacional (Ver figura 13).

A ese sustrato se le suman –como punto de partida– elementos típicos de la cultura particular de la actividad o el ramo en el que va a operar la organización (educativo, farmacéutico, manufactura, servicios turísticos, consultoría, transporte, etc.), así como de la profesión dominante (ingeniería, tecnologías de la información, finanzas, contabilidad, abogacía, etc.) en ese ramo o actividad y/o en el grupo rector dominante en la organización en ciernes (Ver figura 14).

Figura 13
La cultura nacional como sustrato de la organizacional

Figura 14
Elementos adicionales en el sustrato

Esta suma de elementos no es, de ninguna manera, necesariamente consciente y mucho menos diseñada. Puede pensarse si se quiere, por un lado, en una especie de contagio cultural por parte del ramo o la actividad a la que habrá de dedicarse de la organización; y, por el otro, en una toma natural de control por parte de la profesión o disciplina académica definitoria y central a la nueva organización y/o por parte del grupo dominante.

Por ejemplo, piénsese en la creación –en algún lugar de la República Mexicana– de una organización que se va a dedicar a la manufactura de partes o refacciones automotrices.

El sustrato de esa cultura organizacional en ciernes vendría dado por la cultura nacional mexicana, a la que se sumarían la cultura propia de la industria manufacturera y la subcultura de la industria de las autopartes, así como la cultura ingenieril y, en su caso, del grupo dominante.

Dependiendo de la situación y del momento, ese grupo dominante podría ser el propio grupo ingenieril que la inicia, el grupo financiero que se asegura de la viabilidad y rentabilidad de los procesos, o el grupo contable que establece los procesos internos de manejo de dinero, administración de las compras, y atención al almacén, en su caso.

Sobre estos elementos se instaura la cultura propia del fundador o fundadores de la organización en uno de los primeros actos conscientes si no de fundación de cultura, sí de establecimiento de una dirección y un rumbo para la empresa; así como de alentar lo que se desea que la caracterice como organización; y de impedir (a veces precisamente en contra de las culturas y subculturas previamente mencionadas) lo que se busca evitar (Ver figura 15).

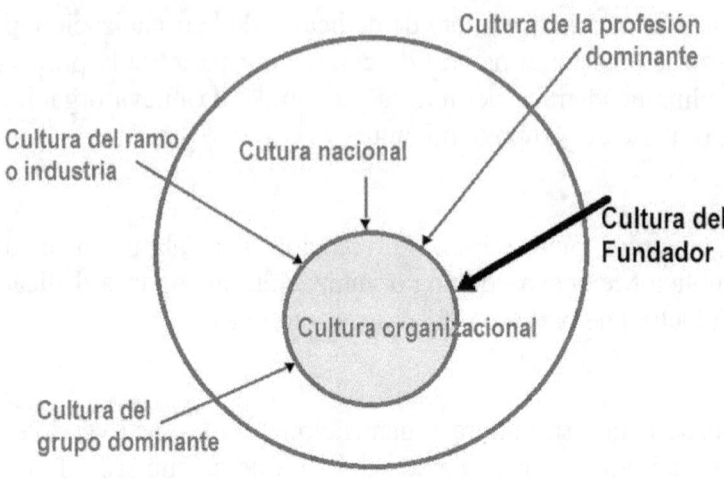

Figura 15
Fundación cultural

Es en este momento en que se principian a definir elementos tales como el tipo de personal que se busca (es decir, características personales adicionales al dominio de los conocimientos y las habilidades indispensables para la operación de la organización); el tipo de relación que se busca que tenga el personal entre sí y con los jefes; y, en cierta medida, consecuentemente, el tipo de oficinas en las que van a operar

Por ejemplo, en el México de principios de los años setenta del siglo XX, se puso de moda imponer en las organizaciones nuevas o en formación dos elementos que chocaban con sus equivalentes en el sustrato de la cultura nacional mexicana: el uso generalizado del tú entre todos los miembros del personal independientemente de género, edad o jerarquía[13], así como la total igualdad entre todo el

---

[13] Esta moda se genera en el extranjero al amparo de la corriente académica de relaciones o de recursos humanos bajo la premisa de que las barreras personales impuestas por las jerarquías organizacionales, los títulos

personal de la organización y la correspondiente dilución de las jerarquías por puestos.

Adicional y concurrentemente, aunque no de manera tan generalizada como lo anterior, esta eliminación de barreras llevó al diseño de oficinas cuyas paredes internas fueran –literalmente– de muy poca altura para que permitieran la visibilidad, la audibilidad y la accesibilidad completa a lo que en ellas ocurría, subrayado por una total supresión de las puertas.

Independientemente de modas como ésta, el inicio de una organización suele traer consigo un gran nivel de camaradería igualitaria entre sus miembros iniciales, independientemente de rango, género o edad, y esta camaradería igualitaria se refleja –con diversos grados– en la cultura fundacional.

A partir de ahí, esa cultura inicial o fundacional se va desarrollando bajo el influjo de los momentos claves que vaya viviendo la organización y de las crisis que vaya enfrentando.

A partir de ahí, también, es cuando principia a hacerse realidad la definición que Schein (1985:9) da para cultura como el "patrón de creencias y supuestos básicos, *inventados, descubiertos o*

---

académicos y –en los países con lenguas como el español, el francés, el alemán, etc.– los pronombres personales, dificultaban la comunicación y por lo tanto, la efectividad resultante de la organización.

Esta moda llegó a extenderse a las instituciones educativas mexicanas, especial pero no exclusivamente a las instituciones privadas, desde la educación primaria hasta el posgrado haciendo sentir a educadores y educandos que, con el uso del tú y los nombres de pila, se facilitaba el proceso de enseñanza aprendizaje.

desarrollados por un grupo dado en su aprendizaje para *enfrentar sus problemas de adaptación externa e integración interna[14]*"

Es precisamente en ese aprendizaje y en esa adaptación frente a cambios y a crisis que el grupo artificialmente formado "en torno a un conjunto de objetivos" y con los sustratos y puntos de partida culturales indicados va desarrollando y transformando su cultura organizacional.

Aunque no sea necesariamente una regla, por la frecuencia con la que suele darse, parece existir un segundo momento generalizado en las culturas organizacionales en formación.

Se trata del momento cuando la camaradería igualitaria y el entusiasmo personal iniciales principian a percibirse internamente como un comportamiento con diversos grados de inefectividad y sobre todo de desorden y los miembros de la organización comienzan a necesitar o a exigir una estructuración más formal tanto de interacciones como de procesos.

Cuando no se mide con precisión esta demanda o esta necesidad y la estructuración formal va más allá de lo esperado, puede generarse una de las primeras crisis de origen interno –causada por lo que algunos o muchos miembros de la organización perciben como una ruptura del contrato psicológico (Argyris, 1960; Levinson, 1962) original[15].

---

[14] Los subrayados o bastardillas son mías, para recalcar el papel que tanto el grupo como los problemas de adaptación externa e integración interna juegan en el proceso de desarrollo de la cultura una vez que va operando la organización.

[15] "Ah, ¿entonces no se trata más que de una relación económica y meramente laboral? Y yo que pensé que todo era más personal y más importante que eso"

La mayoría de las crisis de origen interno suelen tener raíces semejantes, por un cambio de estructuras o de jefes o por la forma de responder a crisis externas, especialmente económicas, cuando a éstas se responde con ajustes de personal, de sueldos, o de descripción de puestos.

Aunque por su naturaleza eminentemente interactiva lo interno y lo externo se repercuten mutuamente, llamamos crisis de origen interno a las que no vienen inicialmente generadas por una demanda explícita externa, sino por previsiones, proyecciones, diagnósticos, evaluaciones o cambios de dirección internos y de los que, generalmente, el medio ambiente externo se percata inmediatamente poco, aunque en el largo plazo pueda beneficiarse de los aciertos o sufrir de los errores consecuencia de las maneras en que se resolvieron esas crisis de origen interno.

Existe, sin embargo, el riesgo potencial de una crisis interna que, cuando ocurre, suele manifestarse –muy lenta y tardíamente– como una seria crisis externa. Me refiero a la crisis precisamente de cultura, en la que el liderazgo organizacional paulatina, inopinada, silenciosa pero insidiosamente se va transfiriendo a miembros de subculturas organizacionales que no eran las originalmente dominantes y que insensiblemente van transformando la cultura de toda la organización fortaleciendo valores, premisas, supuestos y comportamientos que pueden no ser las más apropiadas para la organización en un momento dado.

–exclamó una persona al percibir esta aparente ruptura por la "burocratización" que sintió se estaba dando en su organización. Aunque en ésta, una de las primeras crisis de origen interno, suelen renunciar algunos miembros del personal inicial, la mayoría suele permanecer, rehaciendo su contrato psicológico con la organización, aunque puedan quedar heridas duraderas que no siempre cicatrizan.

La mayoría de las crisis, sin embargo, suelen tener un origen externo: Algunas son generales y las sufre un gran número de organizaciones al mismo tiempo (recesiones, estancamiento de la economía, etc.); otras pueden ser particulares a la industria o ramo de operación de la organización (por los ciclos periódicos de contracción y expansión que suelen darse en esa industria; la automotriz; por ejemplo).

Las que mayor impacto causan en la cultura de una organización son las crisis específicas y exclusivamente propias que sufre una organización debido a sus productos (obsolescencia, mala calidad, etc.); a su situación financiera (falta de planeación, manejo incompetente de recursos, etc.); a la aparición de nuevas tecnologías (la aviación para las empresas de transporte ferroviario; el telégrafo, la radio, el teléfono, el internet –cada uno en su momento– para las de comunicaciones; etc.); a su atención a usuarios o a clientes, etc.

Generalmente, cuanto más se pone en riesgo la viabilidad misma de la organización y mayores los cambios que tienen que realizarse para permitirle sobrevivir mayores suelen ser las repercusiones en la cultura de la organización.

Las personas y las subculturas en las que se apoya la organización para resolver finalmente la crisis suelen cobrar una posición dominante e influir determinantemente con sus propios valores, premisas, supuestos y comportamientos distintivos en la cultura como un todo.

De no haber una administración cultural apropiada una vez superada la crisis –para estabilizar y equilibrar la cultura– esa influencia puede seguir aumentando hasta potencialmente convertirse en la causa de la crisis subsecuente.

8
Administración y transformación de una cultura

Cuando la cultura organizacional o manera particular y diferenciada para ver, comprender y actuar, propia del conjunto de personas que integran la organización deja de ser internamente satisfactoria y externamente efectiva, es necesario desarrollarla o transformarla para que responda mejor a las necesidades tanto de sus miembros como de la realidad cambiante del entorno externo.

Para ello es indispensable que directivos y agentes de cambio conozcan con precisión la cultura original y –cuando requieran hacerlo– busquen transformarla en los propios términos de esa cultura.

8.1 La exploración de la cultura

A medida que se van internalizando y, así, convirtiendo en cultura, los valores, premisas, supuestos, etc. en que se funda y los comportamiento correspondientes resultantes se van volviendo inconscientes y por lo tanto incuestionables e incuestionados.

Se van convirtiendo –para ese grupo humano que los ha generado y que los comparte– simplemente, en la única manera correcta de ver, entender y hacer las cosas y en las conductas apropiadas y viables para reaccionar ante ellas.

Esto es cierto no sólo para el nivel subyacente de la cultura sino, incluso, para el propio nivel evidente (ver figura 16, discutida previamente en el capítulo 2). Al internalizarse y automatizarse el nivel evidente se vuelve generalmente tan invisible para los miembros de esa cultura como el nivel subyacente.

En otras palabras: La cultura logra un grado tal de internalización que –a nivel consciente– hasta el nivel evidente llega a dejar de ser evidente, visible, notable para los miembros de esa cultura.

Sólo las rupturas –es decir las conductas o las manifestaciones que van contra lo inconscientemente esperado– logran incitar un cierto grado de conciencia y exclusivamente para reprobarlas y rechazarlas.

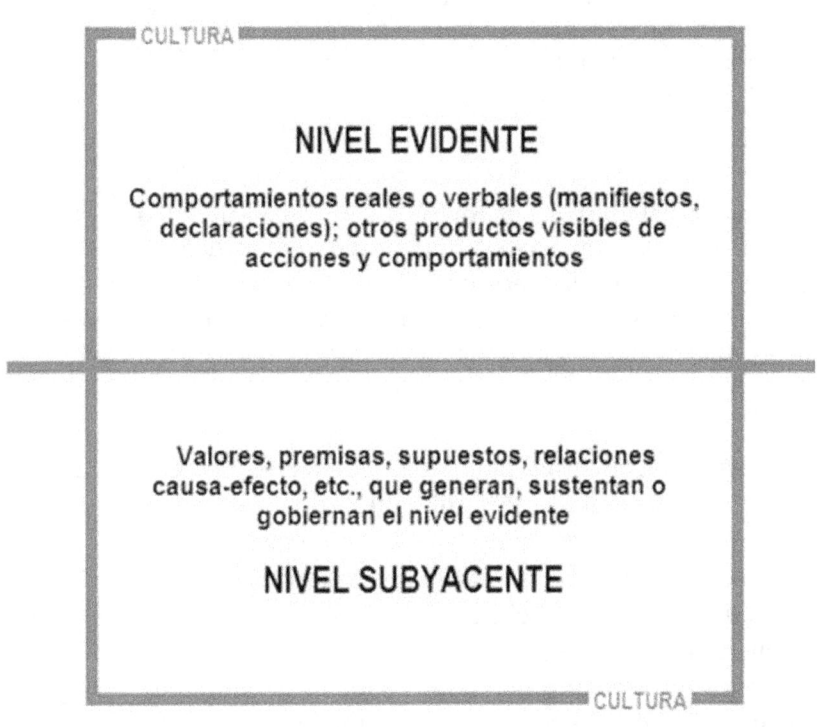

Figura 16
Niveles de una cultura

Es por ello, que la exploración de una cultura suele requerir la colaboración de miembros de esa cultura con personas ajenas a ella.

Es verdaderamente un proceso de exploración conjunta: Sin las personas ajenas o externas los elementos de una cultura no se pueden ver; sin los miembros internos, esos mismos elementos no se pueden jerarquizar o entender.

Una de las maneras en que las organizaciones suelen explorar sus culturas y bosquejar mapas para visualizarlas y entenderlas es a través de proyectos conjuntos facilitados por personal externo y ajeno con la participación activa e interesada de los miembros de la propia cultura.

En este tipo de proyectos –aunque los pasos específicos a realizar varían de caso en caso– el objetivo tiende a ser elucidar los contenidos culturales más importantes para satisfacer plenamente los cuatro cuadrantes de la figura 17 (discutida previamente en el capítulo 2).

En sesiones conjuntas facilitadas por los externos, principiando por el nivel evidente, los miembros de la organización siguen todo un proceso que va de la lluvia de ideas hasta la elaboración de instrumentos que les permitan, paso a paso, ir identificando, jerarquizando y clasificando sus propias acciones, comportamientos reales y otros productos visibles de dichas acciones y comportamientos, para el cuadrante IV; y sus posturas, manifiestos, comportamientos verbales y otros productos teórico-ideológicos de sus posturas y sus manifiestos, para el cuadrante I.

Antes de continuar con el nivel subyacente se da una primea exploración en torno a la congruencia y a la consistencia interna atendiendo lo descubierto hasta ese momento.

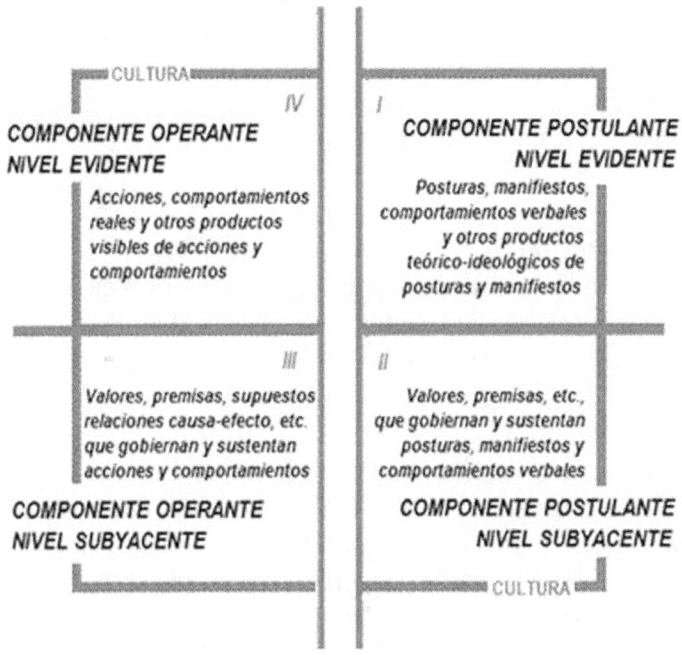

Figura 17
Esquema básico para establecer el mapa cultural

El siguiente paso es generalmente más lento y difícil: El grupo hace las primeras inferencias en torno a los valores, premisas, supuestos, etc. que sustentan tanto lo operante como lo postulante.

A partir de ahí y apoyándose en la clasificación dimensional de los hallazgos, el grupo podrá elaborar instrumentos más precisos para confirmar lo descubierto o, de estar satisfecho con lo encontrado, bosquejar los primeros mapas de su propia cultura para irlos confrontando con tan diversos miembros de la cultura como lo consideren necesario.

Debe recordarse que todo este proceso se lleva a cabo como un proceso participativo y auto-reflexivo bajo los lineamientos de la investigación-acción (Lewin, 1946).

Sus objetivos no son la descripción académica, exhaustiva y rigurosa de una cultura organizacional sino el bosquejo compartido, práctico pero real de los elementos centrales de una cultura que le permitan a sus miembros conocerla[16] y, de ser el caso, cambiarla.

Estos mapas compartidos resultantes permiten una administración y una dirección organizacionales más efectivas y más acordes con la propia cultura y pueden ser especialmente útiles para orientar y aclimatar a los nuevos directivos contratados externamente; optimizar los programas de inducción y en general de administración de los recursos humanos; así como para valorar y decidir en torno a fusiones potenciales con otras organizaciones y con otras culturas.

---

[16] Como todos los procesos organizacionales, esta exploración es también pentadimensional. Aunque se parte de bases racionales-estructurales el proceso involucra igualmente (aunque no necesariamente se busque) lo personal, lo simbólico y lo político, ya que suele, por una parte, afectar emotivamente a los participantes cuando descubren que su cultura no responde real ni plenamente a esa imagen que, algunos, habían idealizado y, otros, denigrado; y por la otra, sentirse amenazados por poner al descubierto el entramado político del que forman parte y debilitaría su poder –y al que, algunos, tratan de proteger negándolo y otros, de atacar, exhibiéndolo.

8.2 Transformación y cambio cultural

Si la realidad organizacional es ineludiblemente pentadimensional debe ser evidente que las estrategias de cambio meramente racionales no serán suficientes, como tampoco lo serán las estrategias meramente políticas, estructurales, personales o simbólicas.

En todos los casos, *la estrategia de cambio cultural debe incluir y contener a las cinco dimensiones, independientemente del perfil dimensional original que tenga la organización* (Ver figura 18).

Ello no quiere decir que todas las dimensiones deban participar ni de la misma manera ni en la misma medida, sino que deben atenderse y estar presentes las cinco.

Las estrategias de cambio requerirán tener objetivos y medios muy claros y comunicarse y comprenderse ampliamente, al tiempo que se allegan y ofrecen los recursos indispensables para llevarlas a cabo, por lo que a la dimensión *racional* se refiere.

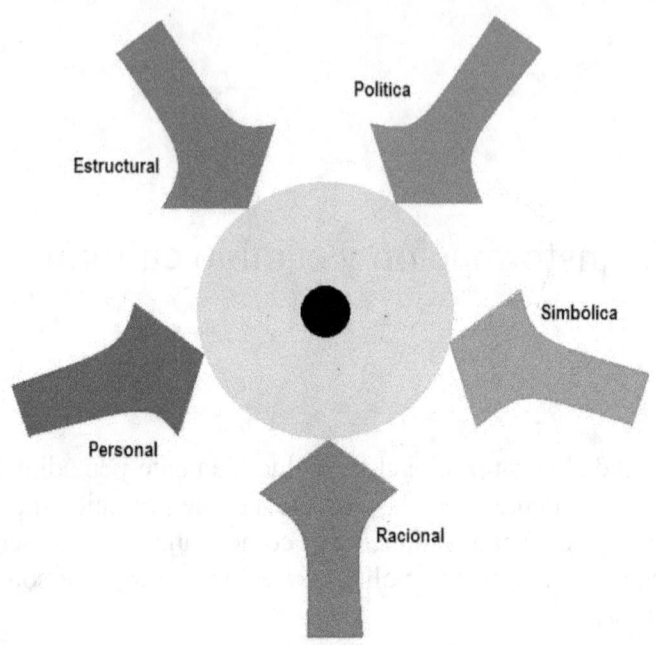

Figura 18
El cambio cultural

Tendrán que responder a las necesidades, motivaciones e intereses personales de los miembros involucrados y facilitar el desarrollo de las nuevas habilidades requeridas, al mismo tiempo que se busca fortalecer su compromiso con el cambio y se atienden las tensiones, inseguridades y miedos que todo cambio genera, por lo que a la dimensión *personal* se refiere.

Tendrán que ocuparse de los cambios estructurales y procesales imprescindibles para canalizar las acciones así como ofrecer los espacios y los tiempos para hacerlo, por lo que a la dimensión *estructural* se refiere.

Tendrán que reconocer los grados diversos de poder de los participantes y atenderlos debidamente, fortaleciendo las fuerzas a favor, neutralizando las fuerzas en contra y recordando que se necesita menos poder para impedir una acción que para conducirla a buen término, y que es preciso proteger a los actores claves más vulnerables, por lo que a la dimensión *política* se refiere.

Y tendrán, sobre todo, que atender las repercusiones que en los aspectos significantes o simbólicos tienen todos esos cambios, potenciando la percepción de éxito, asociándola a la creación de nuevos símbolos, ritos y ceremonias que, a un tiempo, lo signifiquen y concuerden con los previos, por lo que a la dimensión *simbólica* se refiere (Ver figura 19).

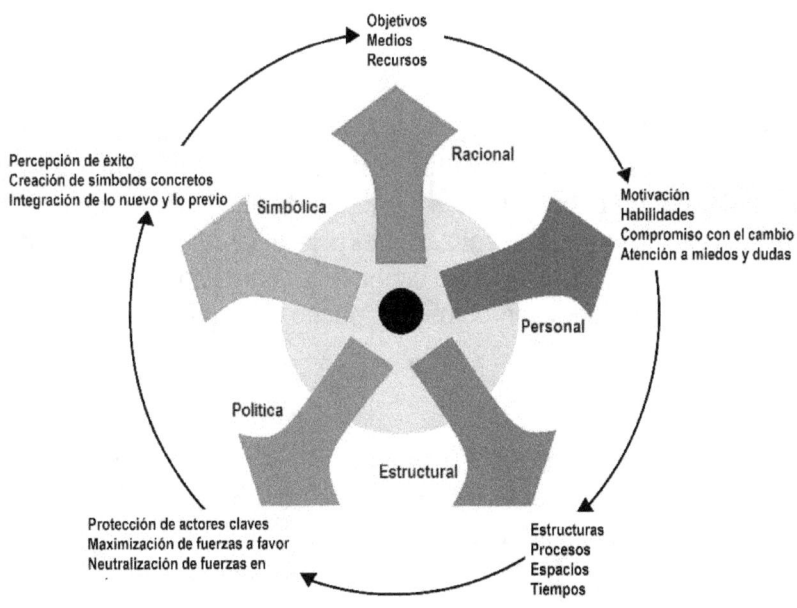

Figura 19
Estrategias para el cambio cultural

Cuando "las estrategias de cambio retan directamente valores tradicionales ampliamente compartidos y profundamente enraizados [....] lo que se necesita es crear un nuevo sistema de significados y valores congruente" (Gagliardi, 1986:118) tanto con las necesidades específicas del cambio en las otras cuatro dimensiones, como con el sistema de símbolos anterior al cambio.

Cada una de las cinco dimensiones contribuye a este nuevo sistema de significados y valores: Los resultados y logros en la dimensión *racional* generan satisfacción personal y grupal y un sentimiento de realización y de logro en la dimensión *personal* que se refuerzan con la redefinición de competencias, de cumplimiento y de puestos (con el potencial enriquecimiento de éstos) en la dimensión *estructural*.

A su vez, estos cambios pueden contribuir a un fortalecimiento de actores claves y a una redefinición de fuerzas más favorable al cambio cultural en proceso, en la dimensión *política*, que, finalmente, culmina al idealizar la experiencia colectiva del éxito e iniciar su mitificación organizacional y, con ello, el proceso de internalización que, eventualmente, puede concluir en un verdadero cambio cultural (Ver figura 20).

El éxito y su experiencia compartida retroalimenta y fortalece valores, objetivos, estrategias y acciones organizacionales y por lo tanto, tiene el potencial de transformar la cultura.

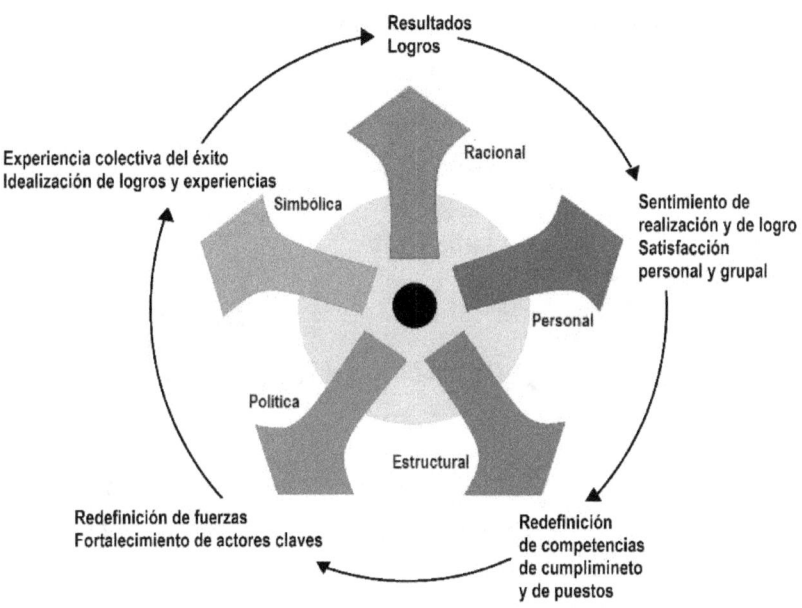

Figura 20
Bases para el cambio cultural

Paradójicamente, aunque es el fracaso el que ofrecería las mayores oportunidades de aprendizaje –ya que el éxito sólo confirma lo previo– aparentemente hay poco aprendizaje ante el fracaso o la inefectividad de acciones o comportamientos: El fracaso no suele retroalimentar más allá de la acción misma, y si acaso, la estrategia, por lo que casi no toca a objetivos y mucho menos a valores, premisas y supuestos (Ver figura 21).

Si una determinada acción no obtiene el resultado esperado, el fracaso correspondiente conduce a la selección de una acción diferente que permita subsanar los errores o limitaciones detectadas en la acción previa –estableciéndose un proceso circular de sustitución de acciones inefectivas que no concluye sino hasta que, finalmente, se obtiene el resultado esperado.

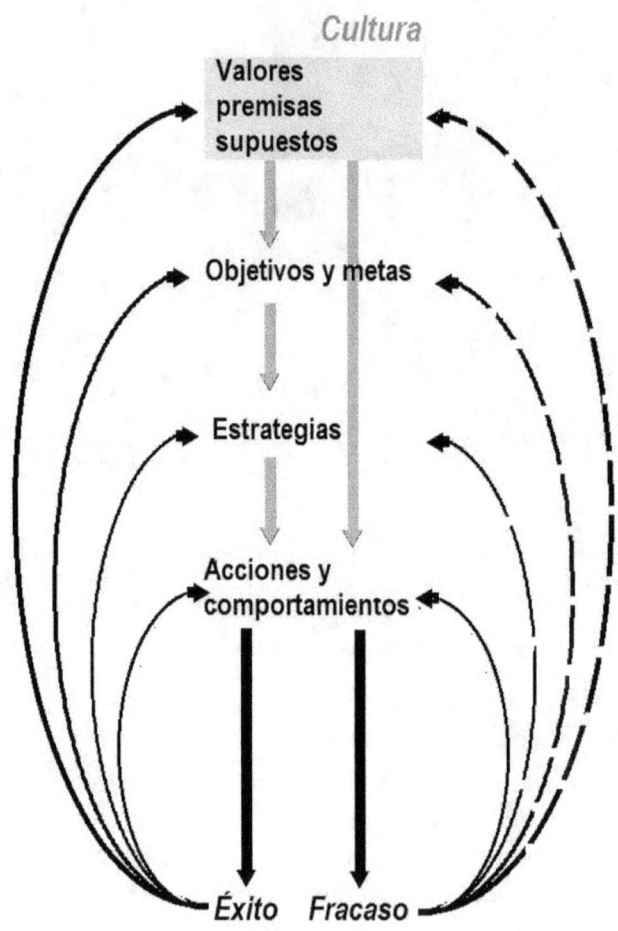

Figura 21
Las acciones organizacionales
y sus repercusiones en valores, objetivos y estrategias

Cuando el problema, es simplemente de elección de acciones a partir del elenco de acciones y conductas ofrecido por la cultura o de ejecución de éstas, este tipo de retroalimentación es todo lo que se necesita: Los cambios y las reformas organizacionales frecuentes y normales se dan generalmente a este nivel, que no toca en absoluto la cultura.

Sin embargo, cuando el problema es de cultura, es decir de valores, premisas, supuestos y sus conductas resultantes, éstos no tienen la oportunidad de replantearse automáticamente, precisamente porque el fracaso no llega a retroalimentar esos niveles (Argyris y Schön, 1974 y 1978; Gagliardi, 1986).

El éxito genera un círculo virtuoso –al confirmar y reforzar, precisamente, los valores, supuestos, premisas, objetivos y estrategias que lo hicieron posible; el fracaso, en cambio, cuando es resultado de la cultura genera un círculo vicioso, porque el círculo deja incuestionado e incuestionable todo lo que condujo a ese fracaso, más allá de la ejecución de la acción directa e inmediata y generalmente condenado a repetir ese fracaso con acciones diferentes pero dentro del mismo marco cultural.

Es entonces que se requiere de un cambio o de una transformación cultural que implica una revisión y un cuestionamiento de premisas y supuestos y una reordenación potencial de valores.

La necesidad de ese cambio cultural, sin embargo, precisamente por estar la cultura al centro del marco con el que la persona o la organización ve, comprende, evalúa y decide, no es tan fácil de reconocer ni de aceptar como podría pensarse.

William C. Durant, por ejemplo, el fundador de General Motors en 1908, infundió su propia cultura del jugador a tal grado en la empresa, que dos veces llevó a la organización al borde de la desaparición precisamente porque esa cultura de la audacia, el riesgo, la adquisición descontrolada y obsesiva y la negociación apurada desatendía, por su misma naturaleza, las necesidades básicas de operación, de consolidación interna, de unificación de estructuras y procesos, y de administración financiera indispensables una vez realizadas esas adquisiciones[17].

Ambos fracasos fueron degradantes: No sólo perdió la empresa en ambas ocasiones, sino que, en la primera ocasión, se le mantuvo en su puesto como una figura decorativa sin el menor poder de decisión o intervención. en la empresa.

En la segunda ocasión, simplemente quedó fuera. Increíblemente y habiendo creado, ya lejos de General Motors, una nueva organización –ya que el espíritu emprendedor no le faltaba, volvió a pasarle, por tercera ocasión, exactamente lo mismo (Cray, 1980).

William C. Durant acabó pobre y marginado.

Ninguno de estos tres grandes fracasos fueron suficientes para suscitar la revisión, el cuestionamiento y la transformación de la cultura que los generaba. Así de fuerte puede ser una cultura y así, también, de impermeable a toda retroalimentación.

---

[17] La cultura que Durant instituyó en General Motors sería la que Deal y Kennedy (1984) clasifican como *cultura macho*; la que tanto Mintzberg (1979, 1983) como Cameron y Freeman (1991) llamarían *adaptocracia*; y la que Dimensiones Organizacionales describiría como cultura fundamentalmente *político-simbólica-racional-personal-estructural*.

Por el contrario, el éxito sí retroalimenta la cultura –fortaleciéndola. El proceso de formación de cultura, de hecho, se da a partir de la percepción de que las acciones tomadas –inicialmente en forma tentativa y experimental– lograron los resultados buscados, tuvieron éxito.

Esta percepción de éxito hace que lo que se realizó en forma tentativa y experimental la primera vez busque ser repetido en las siguientes ocasiones hasta llegar a convertirse en la única manera de actuar, automática e impensadamente, ante situaciones semejantes por parte del individuo, el grupo, la organización, la nación o la entidad cultural de que se trate.

Ése es el punto de partida para la formación de toda cultura y para la consolidación de los cambios o transformaciones culturales que en su caso se hagan: La experiencia colectiva del éxito.

Si el fracaso suele conducir a un círculo vicioso, para Gagliardi (1986), el círculo virtuoso se genera precisamente a partir de la experiencia colectiva del éxito por parte de quienes comparten esa cultura (Ver figura 22).

"Los valores pueden verse como la idealización de la experiencia colectiva del éxito en la utilización de una habilidad [competencia, idea, etc.] y la transfiguración emotiva de creencias previas" (Gagliardi, 1986:123).

Figura 22
El círculo virtuoso de Gagliardi
(Gagliardi, 1986:125)

Esta idealización permite traducir aspectos totalmente racionales al nivel emotivo, a-racional y simbólico "y la aceptación racional [inicial] da paso a la identificación emotiva con los [nuevos] valores" Gagliardi, 1986:123).

Estos nuevos valores compartidos refuerzan la cohesión de quienes los comparten y la práctica continua de esas nuevas habilidades, competencias e ideas refuerza permanentemente todo el proceso en el círculo virtuoso del éxito.

Desde esta perspectiva, la transformación cultural puede irse dando con la ampliación del círculo virtuoso a través de la experimentación de nuevas habilidades, ideas o competencias.

Una opción para el cambio y la transformación cultural (frecuente e intuitivo aún antes del desarrollo conceptual actual en torno a la cultura organizacional) es el de potenciar una de las subculturas organizacionales –la subcultura más relevante para enfrentar la crisis o el problema que se enfrenta– convirtiéndola en una subcultura dominante, primero; para –en caso de así convenir– después convertirla en el nuevo sustrato de la nueva cultura organizacional o contagiar ésta con los valores, supuestos, premisas y conductas deseadas –que caracterizan a este sustrato (Ver figura 23).

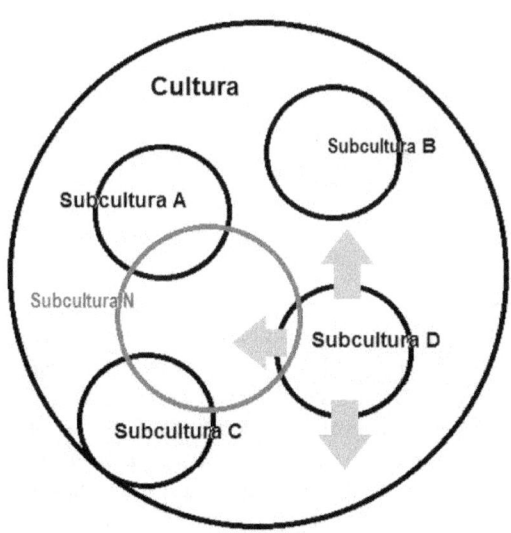

Figura 23
La subcultura como catalizador del cambio cultural

Cuando, en la segunda vez que sucedió, William Durant perdió General Motors en definitiva, Alfred P. Sloan, su nuevo director, realizó finalmente el cambio cultural necesario[18]: Se apoyó en las subculturas administrativa y financiera (desatendidas en tiempos de Durant) para generar una estructura y una cultura corporativa unitaria (centralización) pero, al mismo tiempo, manteniendo parte de la autonomía que por diversas razones (en algunos casos, como en Cadillac, por acuerdo en la compra; en otros, como en Buick y Pontiac, por atender otras cosas) Durant había concedido a las marcas (descentralización[19]), para crear una estructura y una cultura que habrían de volverse por el medio siglo siguiente, el ejemplo a estudiar en las escuelas de negocios y el modelo a seguir por todo tipo de empresas, las divisiones, que conjugaban autonomía creativa y productiva para las marcas pero disciplinada a las políticas y normas corporativas comunes (Cray, 1980; Mintzber 1983; Sloan, 1972).

---

[18] La nueva cultura, instituida por Sloan sería clasificada como *cultura de riesgo* por Deal y Kennedy (1984); como *cultura de mercado* por Cameron y Freeman (1991); como cultura de la *organización divisional* por Mintzberg (1979, 1983) –que parece haberla pensado teniendo en mente definitivamente a Sloan; y como fundamentalmente *racional-estructural-personal-simbólica-política* por los descriptores de dimensiones. Aunque la racionalidad está en primer lugar para Sloan y en tercero para Durant, sus contenidos dimensionales son diferentes: En el primero, el objetivo que se busca es la consolidación productiva y ordenada de marcas vehiculares; en el segundo, el objetivo que se busca es la adquisición desenfrenada de marcas vehiculares.

[19] Para Mintzberg (1983:192) se trata sólo de una descentralización vertical limitada y su estructura de la *organizacional divisional* la refleja plenamente.

8.3 La administración de la cultura

En la gran mayoría de los casos, las culturas organizacionales no requieren de las grandes transformaciones culturales de las que se ha hablado sino de una administración cotidiana atenta, efectiva y continua.

Esta administración cotidiana de la cultura suele tener tres grandes vertientes: (1) La actualización constante de la cultura; (2) la atención al proceso de inducción del nuevo personal; y (3) la preservación de la diversidad, de las fortalezas y del equilibrio de las subculturas organizacionales.

La primera vertiente, la actualización se refiere a la necesidad de mantener vivos y relevantes los valores, premisas y supuestos y su relación evidente con las conductas resultantes.

Esto implica, por una parte, la incorporación de los nuevos hitos organizacionales al repertorio de elementos simbólicos, racionales, personales, políticos y estructurales de la cultura y, por la otra, la integración de las nuevas experiencias a la historia y leyendas de la organización.

Esa incorporación implica integrar de manera congruente las modificaciones, innovaciones y cambios racionales, personales, estructurales, políticos y simbólicos a los contenidos previos de esa dimensión y atender, en su caso, los ajustes que puedan implicar para las dimensiones restantes (ver figura 24).

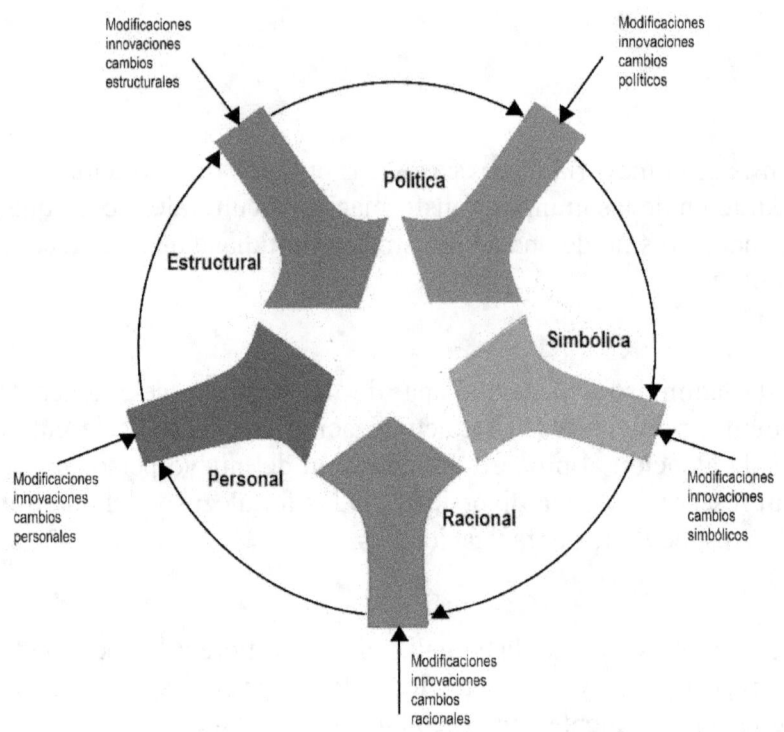

Figura 24
Incorporación de hitos al repertorio cultural
de la organización

Este proceso se concluye con el ajuste final que se hace a la dimensión simbólica –dentro de los pasos previamente indicados, al integrarle las nuevas experiencias a la historia, los mitos y las leyendas de la organización.

"Un líder no reinterpreta la historia pasada para retrospectivamente justificar sus propias propuestas, ni ataca los mitos [o creencias] existentes". Lo que hace es "interpretar el pasado reciente y el presente de tal manera que promueva la inserción de los nuevos valores emergentes en la jerarquía operativa de los actuales y alienta el nacimiento de nuevos mitos" (Gagliardi, 1986:132).

La segunda vertiente, la atención al proceso de inducción del nuevo personal, se refiere, a asegurarse que el nuevo personal recibe la inducción apropiada a la organización y a su cultura como un todo.

Esto implica, por una parte, el control del número de personas por integrar a la cultura en cada ocasión, para evitar que sea tan grande que la avasalle, la domine, o la modifique en su propia dirección ajena.

Y, por la otra, asegurar que los procesos de inducción verdaderamente induzcan a la cultura en sus cinco dimensiones como un todo[20] y, en el grado que sea necesario, a la subcultura (área, departamento, sección, etc.) de la que formarán parte (Ortega, 1985b).

---

[20] Frecuentemente, la inducción se enfoca exclusiva o preponderantemente en aspectos del puesto y la tarea, y este énfasis en la dimensión estructural suele realizarse a costa de desatender las dimensiones restantes, especialmente las dimensiones personal, política y simbólica –con serias consecuencias tanto para el individuo inducido, como para la organización y su cultura.

Como generalmente se trata precisamente de la profesión o las habilidades por las que se contrata a ese personal y en las que ya llega previamente culturizado tanto por la escuela como por la experiencia, la inducción a la subcultura correspondiente debe cuidar que el proceso respete y aliente las aportaciones potenciales que la persona pueda traerle a la subcultura, en términos de innovación y renovación profesionales que las nuevas generaciones traen a la organización.

De hecho, el proceso de inducción debe facilitar el fortalecimiento político de ese capital intelectual innovador que podría encontrar resistencia o rechazo al interior de la subcultura por parte de personas o grupos que pudieren verse amenazados intelectual u organizacionalmente por ellos.

Finalmente, la tercera vertiente, la preservación de la diversidad, de las fortalezas y del equilibrio de las subculturas organizacionales, se refiere a la necesidad de atender cada una de las subculturas para, por una parte, facilitar su actualización y desarrollo y, por la otra, evitar el secuestro de la cultura organizacional como un todo por alguna subcultura que transitoriamente pudiera ser más central, más importante o políticamente más fuerte.

Como se ha visto en el capítulo 3, las subculturas organizacionales por su capacidad para interactuar con otras culturas profesionales, territoriales, comerciales, etc., son indispensables para la sobrevivencia y para la operación efectiva de la organización.

Por ello es necesario facilitar que el perfil que precisamente la constituye en subcultura no sólo se mantenga sino que se actualice y se desarrolle.

Por otra parte, es también necesario asegurarse que este desarrollo no se vaya convirtiendo en un secuestro de la cultura como un todo por parte de alguna subcultura.

En el caso de General Motors que se ha venido analizando, por ejemplo, la subcultura contable y de finanzas fue secuestrando lentamente la cultura organizacional a lo largo de 40 años hasta que llevó a la empresa a la misma situación crítica en la que había estado dos veces antes, en tiempos de su fundador William Durant, paradójica y precisamente, entonces por la falta de atención a los aspectos financieros y contables y, ahora, por la dominancia excesiva de éstos[21].

Este secuestro es también un proceso pentadimensional que se va volviendo evidente por la constancia en la ruta de promoción de los directivos y ejecutivos principales.

En el caso de General Motors el proceso se facilitó por haber sido ésa la subcultura en la que se apoyó la empresa para resolver sus crisis previas. Pero mientras que tanto Sloan como sus dos sucesores inmediatos –por sus antecedentes ingenieriles–

---

[21] La cultura instituida por Sloan fue favoreciendo cada vez más, en los cincuenta años siguientes, la subcultura corporativa por sobre la divisional; las subculturas contable y de finanzas por sobre las de ingeniería y producción. La descentralización por limitada que hubiere sido se fue acabando y la organización acabó con una cultura que, en la clasificación de Deal y Kennedy (1984), sería *de proceso*; en la de Mintzberg (1979, 1983), *estructura simple*; en la de Cameron y Freeman (1991), *Burocracia (Jerarquía)*; y dimensiones la describiría como *estructural-política-simbólica-personal-racional*.

equilibraron esas dos subculturas, todos los siguientes –por sus antecedentes contables y de oficina– inclinaron irremediablemente la balanza cultural por el lado administrativo.

Así, de la cultura instituida por Sloan que equilibraba la autonomía de las divisiones con la centralización corporativa de políticas y lineamientos, la centralización acabó con la autonomía divisional y con la creatividad.

Pero, como sucede en la mayoría de las crisis de cultura, los últimos en percatarse del problema fueron, justamente, los miembros de esa cultura.

Bibliografía

Argyris, Chris
1960   **Understanding Organizational Behavior**
       Homewood, IL: Dorsey

Argyris, Chris y Donald A. Schön
1974   **Theory in Practice: Increasing Professional Effectiveness**
       San Francisco: Jossey-Bass.

Argyris, Chris y Donald A. Schön
1978   **Orgnizational Learning. A Theory of Action Perspective**
       Reading, MA: Addison-Wesley.

Blake, Robert R. y Jane S. Mouton
1964   **The Managerial Grid**
       Houston: Gulf Publishing

Bolman, Lee y Terrence E. Deal
1984   **Modern Approaches to Understanding and Managing Organizations**
San Francisco: Jossey-Bass.

Cameron, Kim S. y Sarah J. Freeman
1991   "Cultural Congruence, Strenght, and Type: Relationships to Effectiveness" **Research in Organizational Change and Development**, Vol. 5, págs. 23-58.

Cohen, Michael D., James G. March y Johan P. Olsen
1972   "A garbage can model of organizational choice" **Administrative Science Quarterly** No. 17, págs. 1-25.

Cray, Ed
1980   **Chrome Colossus: General Motors and Its Times**
Nueva York: McGraw-Hill

Dahl, Robert A.
1957   "The Concept of Power" **Behavioral Science**, Vol. 2, págs. 201-215.

Deal, Terrence E. y Allen A. Kennedy.
1984   **Corporate Cultures**
Reading, MA: Addison-Wesley.

Gagliardi, Pasquale
1986   "The Creation and Change of Organizational Culture: A Conceptual Framework" **Organization Studies**. Vol. 7, No 2, págs. 117-134.

Gross, Warren y Shula Shichman
1987   "How to Grow an Organizational Culture" **Personnel**
(September), págs. 52-56.

Harrison, Michael I.
1987   **Diagnosing Organizations. Methods, Models, and
Processes**
Newbury Park, CA: Sage

Hofstede, Geert
1978a **Organization-Related Value Systems in Forty Countries**
Bruselas: European Institute of Advanced Studies in
Management (Documentos de trabajo 78-22) (Mayo 1978).

Hofstede, Geert
1978b **Value Systems in 40 Countries: Interpretation,
Validation and Consequences for Theory**
Bruselas: European Institute of Advanced Studies in
Management (Documentos de trabajo 78-41) (Julio 1978).

Hofstede, Geert
1979   **Heretical Propositions on Culture and Organizations**
Bruselas: European Institute of Advanced Studies in
Management (Documentos de trabajo 79-23).

Hofstede, Geert
1980   "Motivation, Leadership and Organization: Do American
Theories Apply Abroad? **Organizational Dynamics**
Summer 1980. págs 42-63.

Hofstede, Geert
1984 **Culture's Consequences**
Beverly Hill: Sage.

Kluckhohn, Clyde
1944 **Mirror for Man**
Greenwich, CT.: Fawcett.

Lee, Albert
1988 **Call Me Roger**
Chicago: Contemporary Books

Levinson, Harry; Charlton R. Price, Kenneth J. Munden, Harold J.
1962 Mandl, and Charles M. Solley
Men, Management, and Mental Health
Cambridge, MA.; Harvard University Press

Levinson, Harry, with Andrew G. Spohn and Janice Molinari
1972 **Organizational Diaganosis**
Cambridge, MA.: Harvard University Press

Levinson, Harry
1976 **Psychological Man**
Cambridge, MA.: The Levinson Institue

Lewin, Kurt
1946 "Action research and minority problems" **Journal for Social Issues**, 2(4), 34-46.

Likert, Rensis
1967   **The Human Organization: Its Management and Value**
       Nueva York: McGraw-Hill

McGregor, Douglas
1960   **The Human Side of Enterprise**
       Nueva York: McGraw-Hill

Meyer, John W. y Brian Rowan
1977   "Institutionalized Organizations: Formal Structure as Myth
       and Ceremony" **American Journal of Sociology.** Vol. 83,
       No 2 págs. 340-363.

Mintzberg, Henry
1979   **The Structuring of Organizations**
       Englewood Cliffs, N:J: Prentice-Hall

Mintzberg, Henry
1983   **Structure in Fives. Designing Effective Organizations**
       Englewood Cliffs, N.J: Prentice Hall

Morgan, Gareth
1986   **Images of Organization**
       Beverly Hills, CA: Sage

Morgan Gareth
1989   **Creative Organization Theory**
       Newbury Parj, CA: Sage

Ortega, Mariano
1979   **Un modelo de cargas de trabajo para el personal académico de instituciones de educación superior.**
Querétaro: Cedesa (Documentos de trabajo)

Ortega, Mariano
1982a   "Dimensiones organizacionales" **Bases para la administración en instituciones educativas**
Querétaro: Ciidet.

Ortega, Mariano
1982b   **Dimensiones del comportamiento y la cultura organizacionales**
Querétaro: Cedesa (Documentos de trabajo).

Ortega, Mariano
1985   **La evaluación institucional: Un enfoque dimensional del diagnóstico y la evaluación en las organizaciones**
Querétaro: Cedesa (Documentos de trabajo).

Ortega, Mariano
1985b   **La inducción como proceso multidimensional**.
Querétaro: Cedesa (Documentos de trabajo).

Ortega, Mariano
1989   "La frontera de la cultura: Un estudio de la frontera desde la perspectiva organizacional" **Estudios fronterizos** Año VII, vol. VIII, N° 18-19. Enero-abril/Mayo-agosto. págs. 148-161.

Schein, Edgar H.
1984   "Coming to a New Awareness of Organizational Culture"
        Sloan Management Review Invierno. Vol. 25, No. 2, págs
        3-16.

Schein, Edgar H.
1985   **Organizational Culture and Leadership**
        San Francisco: Jossey-Bass

Sloan, Alfred P. Jr
1972   **My Years with General Motors**
        Garden City, NY: Doubleday Anchor

Sobel, Robert
1981   **IBM Colossus in Transition**
        Nueva York: Bantam Books

Tannenbaum, Robert y Warren H. Schmidt
1958   "How to Choose a Leadership Pattern" **Harvard Business
        Review**, vol 36, págs. 95-101.

Wilkins, Alan L. y W. Gibb Dyer Jr.
1988   "Toward Culturally Sensitive Theories of Culture Change"
        Academy of Management Review vol. 13, N° 4, págs 522-
        533.

Wolff, Robert Paul
1969   **Ideal of the University**
        Boston: Beacon Press

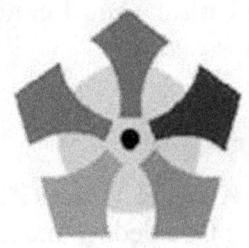

La cultura organizacional:
Un enfoque dimensional
de Mariano Ortega
se acabó de imprimir en el mes de
marzo de 2016